Je comprends tout !

CM2 Maths

Direction de collection :
Isabelle **Petit-Jean**
Professeure des écoles

Auteurs :
Cécilia **Souza-Blanes**
Professeure des écoles

Antoine **Zuccarelli**
Professeur

Illustrations :
Caroline **Hesnard**
Mado **Seiffert**

Nathan

Sommaire

NOMBRES

CALCULS

ESPACE ET GÉOMÉTRIE

GRANDEURS ET MESURES

 ISBN : 978-209-189156-9 pour la présente édition.

1 Lire et écrire les grands nombres

NOMBRES

Je retiens

• Pour lire et écrire les grands nombres, **les chiffres se regroupent toujours par 3 en partant de la droite**. Ces regroupements s'appellent les **classes** (unités, milliers, millions, milliards...).

Classe des milliards			Classe des millions			Classe des milliers			Classe des unités		
c	d	u	c	d	u	c	d	u	c	d	u
	1	0	5	6	4	3	8	7	5	2	1

10 564 387 521 se lit « 10 milliards 564 millions 387 mille 521 », et s'écrit « dix-milliards-cinq-cent-soixante-quatre-millions-trois-cent-quatre-vingt-sept-mille-cinq-cent-vingt-et-un ».

Je m'entraine

1 **Réécris correctement les nombres en séparant les classes par un espace.**

a. 235450611 → ....

b. 6878043 → ....

c. 23546701 → ....

d. 67035421400 → ....

e. 545023899 → ....

2 **Pour chaque nombre, entoure ce qui est demandé.**

a. La classe des milliers :
280 400 954 ; 56 400 ; 3 980 802

b. Le chiffre des dizaines de millions :
540 098 563 ; 93 873 001 ; 100 780 651

3 **Écris en chiffres les nombres suivants.**

a. Huit-milliards-quatre-cent-vingt-et-un-millions-cinq-cent-soixante-deux-mille :

....

b. Trois-cent-cinq-millions-quarante-deux-mille-cent-soixante-huit : ....

c. Quatre-vingt-cinq-millions-cent-cinquante-neuf :

....

J'approfondis

4 **Relie ces nombres à l'écriture qui leur correspond.**

a. 72 000 245 • • 435 millions 240 milliers

b. 687 032 000 • • 453 millions 1 millier

c. 435 240 000 • • 72 millions 245 unités

d. 453 001 000 • • 687 millions 32 milliers

5 **Que représente le 3 dans chacun des nombres suivants ?**

a. 238 457 209 : ....

b. 398 002 421 : ....

c. 6 324 000 : ....

d. 67 932 128 : ....

6 **Qui suis-je ?**

Je suis un nombre compris entre 1 et 2 millions. Mon chiffre des centaines de mille est 7, mon chiffre des dizaines est 2, mon chiffre des dizaines de mille est le triple de celui des dizaines, mon chiffre des centaines est le même que celui des dizaines de mille. Mes chiffres des unités et des unités de mille sont nuls.

....

INFOS PARENTS – Votre enfant doit savoir orthographier correctement les **26 mots** nécessaires à l'écriture des nombres compris entre 0 et 999 999 999. *Vingt* et *cent* prennent la marque du pluriel lorsqu'ils ne sont pas suivis d'un autre chiffre (quatre-vingts, quatre-cents, mais quatre-vingt-un, trois-cent-un).

2 Décomposer les grands nombres

NOMBRES

Je retiens

- Un nombre peut se décomposer sous la forme d'une **somme.**

  5 804 200 = 5 000 000 + 800 000 + 4 000 + 200

- Un nombre peut aussi se décomposer sous la forme d'une **somme de produits.**

  5 804 200 = (5 × 1 000 000) + (8 × 100 000) + (4 × 1 000) + (2 × 100)

Je m'entraine

1 Écris ces nombres sous la forme d'une somme.

a. 8 070 503 = ...

....

b. 27 000 140 = ...

....

c. 10 803 000 = ...

....

2 Écris ces nombres sous la forme d'une somme de produits.

a. 5 053 400 = (.... × 1 000 000) + (.... × 10 000) + (.... × 1 000) + (.... × 100)

b. 1 490 060 = (.... × ....) + (.... × ....) + (.... × ....) + (.... × ....)

c. 10 803 000 = ...

3 Colorie la bonne réponse.

a. 7 000 000 + 400 000 + 30 000 + 500 =

74 003 050 | 7 430 500 | 7 043 005 | 704 300 500

b. (1 × 10 000 000) + (7 × 10 000) + (4 × 100) + (3 × 10) =

100 700 430 | 17 040 300 | 1 700 430 | 10 070 430

J'approfondis

4 À quels nombres correspondent les sommes et les sommes de produits ?

a. 50 000 000 + 900 000 + 200 + 30 + 9 =

....

b. 500 000 000 + 7 000 000 + 1 000 + 300 + 40 + 2 = ...

c. (9 × 10 000 000) + (1 × 100 000) + (7 × 10 000) + (4 × 10) = ...

d. (6 × 100 000 000) + (7 × 100 000) + (6 × 10 000) + (4 × 10) = ...

5 Résous le problème.

Un collectionneur d'art vient d'acquérir une toile de Pablo Picasso à trente-millions d'euros, une peinture de Joan Miró à sept-millions d'euros, un dessin de Pierre Paul Rubens à deux-cent-mille euros et une sérigraphie d'Andy Warhol à cinq-cents euros.

a. **Combien a-t-il dépensé en tout ?**

.... + ... + ... + ... = ...

b. **Écris ce résultat sous la forme d'une somme de produits.**

....

As-tu réussi ?

INFOS PARENTS Votre enfant peut se reporter au tableau de numération de la leçon 1 (*Lire et écrire les grands nombres*, p. 3) ; il facilitera sa compréhension de la décomposition des nombres.

3 Comparer, ranger, intercaler les grands nombres

Je retiens

- **Comparer** des nombres entiers :

– Quand deux nombres **n'ont pas le même nombre de chiffres**, celui qui a le plus de chiffres est le plus grand.

6 050 000 < 72 000 400

– Quand deux nombres **ont le même nombre de chiffres**, il faut comparer les **chiffres un à un en partant de la gauche**.

150 **5**80 015 < 150 **6**00 245

- **Ranger** des nombres entiers :

– Dans l'ordre **croissant** : 4 350 < 4 460 < 5 400 < 5 988

– Dans l'ordre **décroissant** : 10 990 > 8 700 > 8 430 > 6 545

- **Intercaler** un nombre consiste à écrire un nombre compris entre deux autres nombres. On peut intercaler 24 423 entre 24 420 et 24 427

Je m'entraine

1 **Compare les nombres en utilisant les signes < et >.**

a.	2 460 500	......	24 605 000
b.	153 080 245	......	153 000 245
c.	286 345 016	......	286 340 016
d.	34 640 013	......	37 894 013

2 **Recopie ces séries de nombres en y intercalant les nombres en rouge.**

a. 434 140 – 43 400 – 430 400 – 434 100 – 434 400 – 4 340 000

....

....

b. 6 005 300 – 605 000 – 6 001 988 – 6 004 299 – 6 005 350

....

....

3 **Range ces nombres dans l'ordre croissant.**
175 423 000 – 21 645 700 – 210 780 000 – 2 767 850 – 1 754 230 000

....

....

....

....

J'approfondis

4 **Entoure les nombres compris entre 1 790 000 et 2 000 000.**

795 000 – 1 845 630 – 1 594 700 – 1 998 700 – 178 900 500

5 **Trouve un nombre qui conviendrait pour que l'encadrement soit exact. Plusieurs solutions sont possibles.**

a.	4 456 320	< .... <	4 456 322
b.	25 640 000	< .... <	25 840 000
c.	89 323 001	< .... <	89 523 001
d.	7 654 137	< .... <	8 656 137

6 **Classe ces quatre villes de la plus peuplée à la moins peuplée.**

Mexico : 8 851 000 habitants
New York : 8 491 000 habitants
Tokyo : 13 474 000 habitants
Séoul : 10 150 000 habitants

1. ....
2. ....
3. ....
4. ....

INFOS PARENTS Votre enfant aura tendance à lire les signes < et > *plus petit que* et *plus grand que*. Favorisez l'emploi des expressions mathématiques ***inférieur à*** et ***supérieur à*** qui seront systématiquement employées au collège.

4 Établir des valeurs approchées

Je retiens

- Une valeur approchée permet de donner **l'ordre de grandeur** d'un nombre. On utilise des valeurs approchées pour parler des populations, des distances, des prix, etc.

  La valeur approchée d'un ordinateur coutant 1 499 € est 1 500 €.

- Il est possible d'arrondir à la **dizaine**, à la **centaine**, au **millier**… le plus proche.

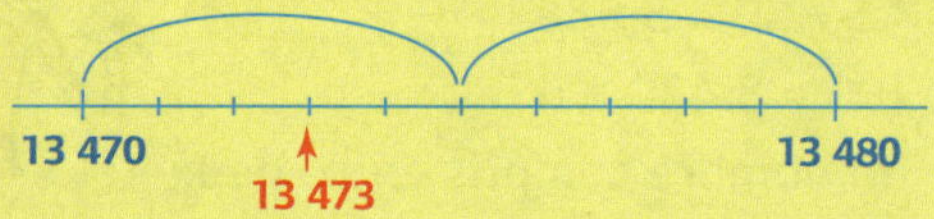

13 473 étant plus proche de 13 470, la valeur approchée de 13 473 à la dizaine la plus proche sera donc 13 470.

Je m'entraine

1 Donne la valeur approchée à la dizaine la plus proche.

a. 75 767 → …………

b. 230 122 → …………

c. 764 596 → …………

d. 2 989 278 → …………

2 Donne la valeur approchée à la centaine la plus proche.

a. 37 899 → …………

b. 7 410 577 → …………

c. 210 117 → …………

d. 5 125 674 → …………

3 Complète le tableau en trouvant les valeurs approchées.

Centaine inférieure	Nombre à arrondir	Centaine supérieure
………………	17 854	………………
………………	541 948	………………
………………	129 912	………………

J'approfondis

4 Complète le tableau en trouvant les valeurs approchées.

	Dizaine la plus proche	Centaine la plus proche	Millier le plus proche
874 267	…………	…………	…………
87 975 902	…………	…………	…………
1 578 378	…………	…………	…………

5 Trouve les valeurs approchées du nombre 17 273 829.

a. Au millier le plus proche …………………………

b. À la dizaine de milliers la plus proche

……………………………………………………

c. Au million le plus proche …………………………

6 Entoure la bonne réponse.

En 2007, une usine a produit 21 000 voitures radiocommandées au premier trimestre, 38 000 au deuxième, 12 000 au troisième. Combien de voitures a-t-elle produit approximativement au cours de l'année ?

50 000 60 000 70 000

INFOS PARENTS Établir des valeurs approchées anticipe la leçon *Évaluer un ordre de grandeur* (p. 23).

5 Comprendre les fractions

Je retiens

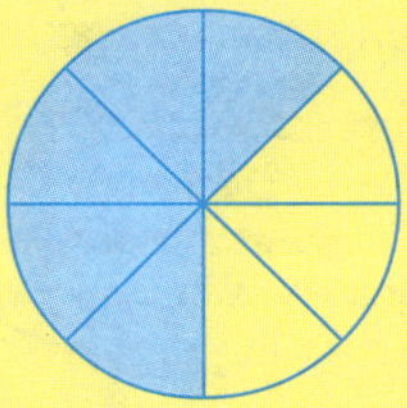

- La partie colorée de ce disque correspond à la fraction $\frac{5}{8}$.
- Le 5 est le **numérateur** (nombre de parts égales représentées).
- Le 8 est le **dénominateur** (nombre total de parts pour former une unité).

$\frac{1}{2}$ se lit « **un demi** », $\frac{1}{3}$ se lit « **un tiers** », $\frac{1}{4}$ se lit « **un quart** ».
Ensuite, on parle de « **cinquièmes** », « **sixièmes** », etc.

Je m'entraine

1 **Écris les fractions suivantes.**

a. Un demi → $\frac{...}{...}$

b. Deux tiers → $\frac{...}{...}$

c. Cinq huitièmes → $\frac{...}{...}$

d. Trois quarts → $\frac{...}{...}$

2 **Colorie dans chaque disque la partie correspondant à la fraction demandée.**

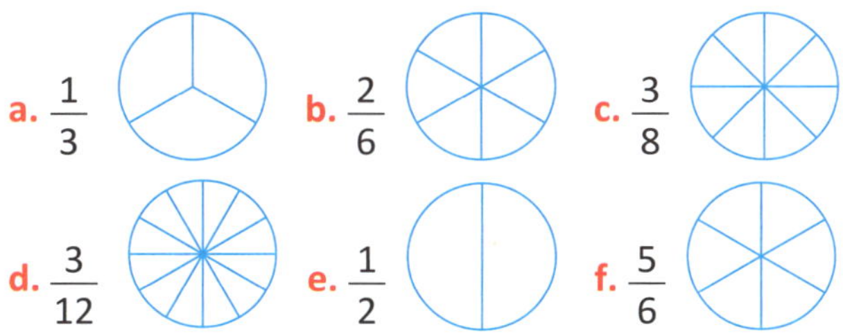

a. $\frac{1}{3}$ b. $\frac{2}{6}$ c. $\frac{3}{8}$

d. $\frac{3}{12}$ e. $\frac{1}{2}$ f. $\frac{5}{6}$

3 **Colorie dans chaque bande la partie correspondant à la fraction demandée.**

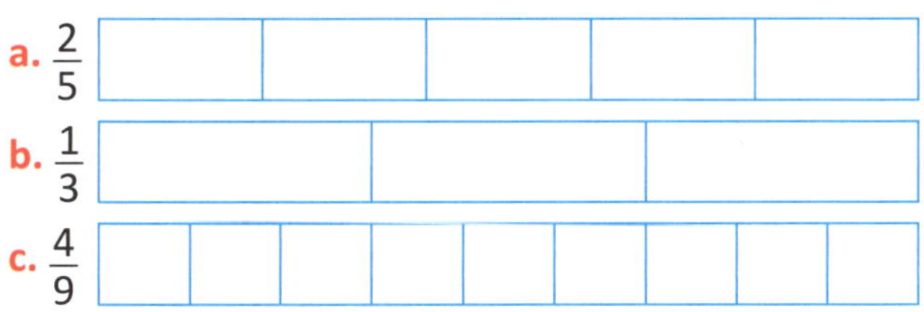

a. $\frac{2}{5}$

b. $\frac{1}{3}$

c. $\frac{4}{9}$

J'approfondis

4 **Écris pour chaque figure la fraction représentée par la partie colorée.**

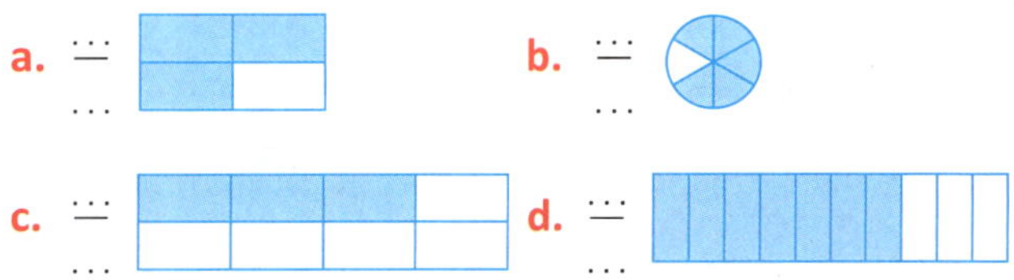

a. $\frac{...}{...}$ b. $\frac{...}{...}$

c. $\frac{...}{...}$ d. $\frac{...}{...}$

5 **Colorie la partie indiquée par la fraction.**

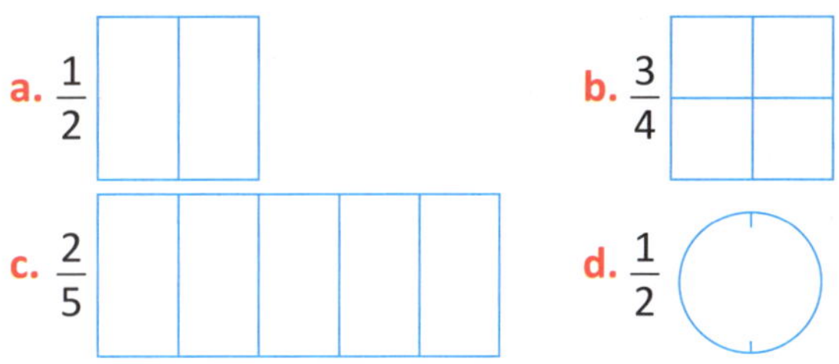

a. $\frac{1}{2}$ b. $\frac{3}{4}$

c. $\frac{2}{5}$ d. $\frac{1}{2}$

6 **Résous le problème.**

Maxime découpe une pizza en 8 parts égales. Il en mange 5 parts. Colorie le nombre de parts mangées et écris sous forme d'une fraction ce qui reste.

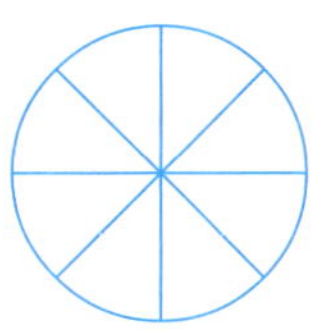

Il reste $\frac{...}{...}$.

INFOS PARENTS
- Votre enfant doit s'entrainer à lire des fractions à haute voix et à maitriser le vocabulaire suivant : demi, tiers, quart, cinquièmes, sixièmes, etc.
- N'hésitez pas à utiliser les fractions avec lui dans la vie quotidienne.

6 Écrire des fractions

Je retiens

- Une fraction supérieure à 1 peut se décomposer en **une somme d'un nombre entier et d'une fraction inférieure à 1.**

$$\frac{9}{6} = \frac{6}{6} + \frac{3}{6} = 1 + \frac{3}{6}$$

- On peut s'aider d'une droite graduée :

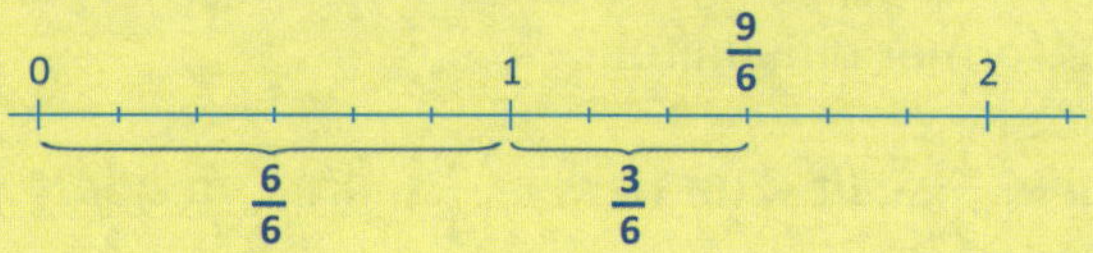

Je m'entraine

1 En observant ces droites numériques, trouve la fraction correspondant à la partie colorée, puis décompose-la.

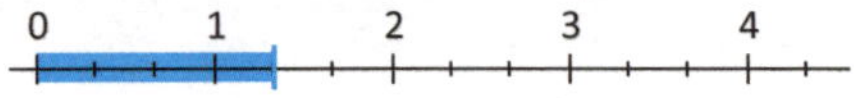

a. $\frac{\dots}{3} = \frac{\dots}{\dots} + \frac{\dots}{\dots} = \dots + \frac{\dots}{\dots}$

b. $\frac{\dots}{\dots} = \frac{\dots}{\dots} + \frac{\dots}{\dots} = \dots + \frac{\dots}{\dots}$

2 Complète les égalités.

a. $1 = \frac{\dots}{5}$ b. $\dots = \frac{4}{4}$ c. $2 = \frac{\dots}{3}$

d. $1 = \frac{8}{\dots}$ e. $2 = \frac{\dots}{4}$ f. $\dots = \frac{14}{7}$

3 Décompose les fractions.

a. $\frac{7}{3} = \frac{6}{3} + \frac{\dots}{3} = 2 + \frac{\dots}{3}$

b. $\frac{9}{5} = \frac{\dots}{5} + \frac{\dots}{5} = \dots + \frac{\dots}{5}$

c. $\frac{11}{4} = \frac{8}{4} + \frac{\dots}{4} = \dots + \frac{\dots}{4}$

J'approfondis

4 Place sur la droite les lettres correspondant aux fractions.

A $= 1 + \frac{3}{6}$ B $= 2 + \frac{1}{6}$ C $= 3 + \frac{1}{6}$ D $= 2 + \frac{4}{6}$

5 Réduis les sommes à une fraction.

a. $1 + \frac{5}{8} = \frac{\dots}{8} + \frac{5}{8} = \frac{\dots}{8}$

b. $2 + \frac{3}{5} = \frac{\dots}{5} + \frac{\dots}{5} = \frac{\dots}{5}$

c. $3 + \frac{2}{3} = \frac{\dots}{3} + \frac{\dots}{\dots} = \frac{\dots}{\dots}$

6 Résous le problème.

Pour son anniversaire, Chloé a distribué 15 parts de gâteau. Chaque gâteau a été coupé en 6 parts égales. Combien de gâteaux Chloé avait-elle préparés ?

$\frac{15}{6} = \frac{\dots}{6} + \frac{\dots}{6} = \dots + \frac{\dots}{\dots}$

Chloé a donc cuisiné ...... gâteaux.

As-tu réussi ?

INFOS PARENTS – L'utilisation d'une droite graduée facilite grandement la compréhension de la décomposition d'une fraction.

7 Placer des fractions sur une droite graduée

Je retiens

- Les fractions peuvent être représentées sur une **droite graduée**.

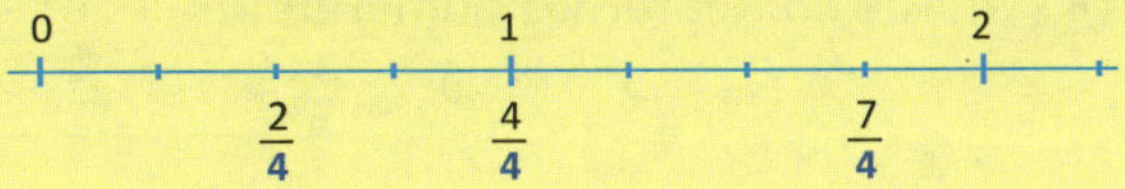

- Lorsque le numérateur est inférieur au dénominateur, la fraction est **inférieure à 1** : $\frac{2}{4} < 1$.
- Lorsque le numérateur est supérieur au dénominateur, la fraction est **supérieure à 1** : $\frac{7}{4} > 1$.
- Lorsque le numérateur est égal au dénominateur, la fraction est **égale à 1** : $\frac{4}{4} = 1$.

Je m'entraine

1 Complète avec les signes <, > ou =.

a. $\frac{3}{4}$ ... 1 b. $\frac{5}{3}$ ... 1 c. $\frac{11}{11}$ ... 1

d. $\frac{8}{5}$ ... 1 e. $\frac{3}{12}$ ... 1 f. $\frac{16}{18}$ ... 1

2 Écris les fractions correspondant à chaque lettre.

A = $\frac{...}{...}$ B = $\frac{...}{...}$ C = $\frac{...}{...}$ D = $\frac{...}{...}$

3 Place les fractions sur la droite graduée.

$\frac{8}{5}$; $\frac{19}{5}$; $\frac{3}{5}$; $\frac{10}{5}$; $\frac{14}{5}$

J'approfondis

4 Place sur la droite les graduations de 1 à 5, puis leur fraction correspondante : $\frac{4}{4}$, $\frac{8}{4}$, etc.

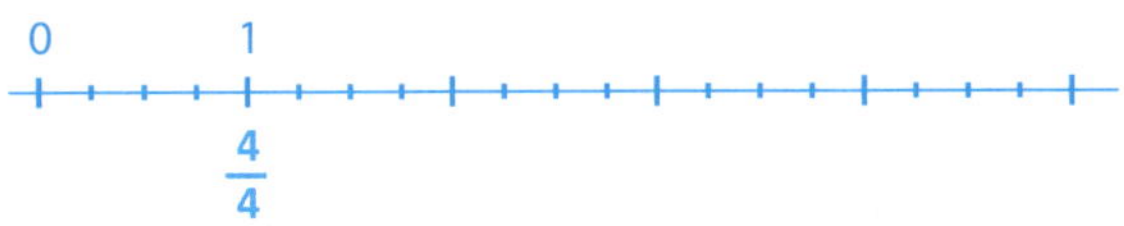

5 Gradue la droite correctement, puis place les fractions.

$\frac{9}{4}$; $\frac{6}{4}$; $\frac{1}{4}$; $\frac{12}{4}$

6 Place les fractions sur la droite graduée.

$\frac{1}{6}$; $\frac{8}{6}$; $\frac{14}{6}$; $\frac{2}{3}$; $\frac{8}{3}$

INFOS PARENTS
- Une fraction s'écrit $\frac{8}{3}$. Prenez garde que votre enfant ne l'écrive pas « 8/3 ».
- Dans un même ordre d'idée, veillez à ce que votre enfant lise bien *huit tiers* et non *huit sur trois*.

8 Comparer et encadrer les fractions

NOMBRES

Je retiens

- Pour comparer les fractions, **si les dénominateurs sont égaux**, il suffit de **comparer les numérateurs**.

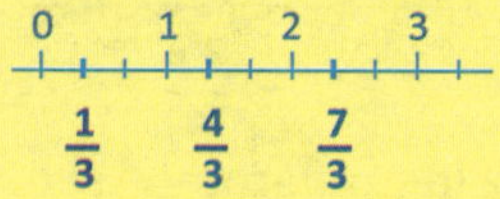

- Les fractions peuvent être encadrées entre deux entiers consécutifs.

$0 < \frac{1}{3} < 1$ (Observe la droite, $\frac{1}{3}$ est placé entre 0 et 1.)

$2 < \frac{7}{3} < 3$ (Observe la droite, $\frac{7}{3}$ est placé entre 2 et 3.)

Je m'entraine

1 Compare les fractions en utilisant les signes < ou >.

a. $\frac{4}{4} \dots \frac{3}{4}$ b. $\frac{12}{7} \dots \frac{21}{7}$ c. $\frac{50}{50} \dots \frac{99}{50}$

d. $\frac{2}{8} \dots \frac{3}{8}$ e. $\frac{86}{34} \dots \frac{76}{34}$ f. $\frac{54}{100} \dots \frac{45}{100}$

2 Range ces fractions dans l'ordre croissant.

$\frac{111}{5}$; $\frac{5}{5}$; $\frac{9}{5}$; $\frac{11}{5}$; $\frac{55}{5}$; $\frac{1}{5}$

$\frac{\dots}{5} < \frac{\dots}{5} < \frac{\dots}{5} < \frac{\dots}{5} < \frac{\dots}{5} < \frac{\dots}{5}$

3 Encadre ces fractions entre deux entiers consécutifs (dessine des droites numériques sur ton ardoise pour t'aider).

a. $1 < \frac{5}{4} < 2$ b. $\dots < \frac{9}{4} < \dots$

c. $\dots < \frac{8}{9} < \dots$ d. $\dots < \frac{21}{10} < \dots$

e. $\dots < \frac{7}{11} < \dots$ f. $\dots < \frac{1}{2} < \dots$

J'approfondis

4 Range ces fractions dans l'ordre décroissant.

$\frac{1}{13}$; $\frac{12}{13}$; $\frac{4}{13}$; $\frac{15}{13}$; $\frac{23}{13}$; $\frac{7}{13}$

$\frac{\dots}{13} > \frac{\dots}{13} > \frac{\dots}{13} > \frac{\dots}{13} > \frac{\dots}{13} > \frac{\dots}{13}$

5 Complète ces encadrements pour qu'ils soient exacts. Plusieurs solutions sont possibles.

a. $1 < \frac{\dots}{3} < 2$ b. $2 < \frac{\dots}{2} < 3$ c. $1 < \frac{\dots}{7} < 2$

d. $0 < \frac{\dots}{5} < 1$ e. $0 < \frac{2}{\dots} < 1$ f. $1 < \frac{\dots}{4} < 2$

6 Résous le problème.

Trois amis se partagent une barre chocolatée. Bruno en a mangé trois dixièmes, Miguel en a mangé un cinquième, François en a mangé la moitié.

a. Colorie ces barres pour représenter ce que chacun a mangé.

Bruno

....

....

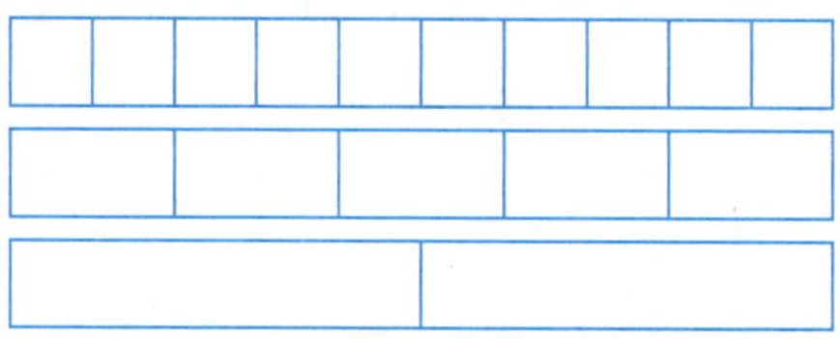

b. Qui a été le plus gourmand ? ....

As-tu réussi ?

INFOS PARENTS – Votre enfant apprendra au collège à réduire les fractions au même dénominateur. Ceci lui permettra de comparer, d'additionner et de soustraire des fractions dont les dénominateurs sont différents.

9 Associer nombres décimaux et fractions décimales

NOMBRES

Je retiens

- Une fraction ayant pour dénominateur 10, 100, 1 000... est une fraction décimale. On parle alors de **dixièmes**, **centièmes**, **millièmes**, etc.

$\frac{3}{10}$ → 3 dixièmes $\frac{6}{100}$ → 6 centièmes $\frac{4}{1\,000}$ → 4 millièmes

- Ces fractions peuvent également s'écrire sous la forme de **nombres décimaux**.

$\frac{3}{10} = 0,3$ $\frac{6}{100} = 0,06$ $\frac{4}{1\,000} = 0,004$

Je m'entraine

1 **Écris chaque nombre décimal sous la forme d'une fraction décimale.**

a. $0,2 = \frac{2}{10}$ b. $0,3 = \frac{3}{\dots}$ c. $0,14 = \frac{\dots}{100}$

d. $0,8 = \frac{\dots}{10}$ e. $0,7 = \frac{\dots}{\dots}$ f. $0,24 = \frac{\dots}{\dots}$

2 **Écris chaque fraction décimale sous la forme d'un nombre décimal.**

a. $\frac{9}{10}$ = ... b. $\frac{41}{100}$ = ... c. $\frac{8}{1\,000}$ = ...

d. $\frac{5}{10}$ = ... e. $\frac{18}{100}$ = ... f. $\frac{111}{1\,000}$ = ...

3 **Écris en lettres ces fractions décimales.**

a. $\frac{45}{10}$: ....

....

b. $\frac{17}{100}$: ....

....

c. $\frac{3}{1\,000}$: ....

....

J'approfondis

4 **Relie les fractions décimales aux nombres décimaux correspondants.**

a. $\frac{15}{10}$ • • 0,2

b. $\frac{2}{100}$ • • 0,02

c. $\frac{45}{100}$ • • 3,3

d. $\frac{33}{10}$ • • 1,5

e. $\frac{2}{10}$ • • 0,45

5 **Place ces fractions et nombres décimaux sur la droite.**

$\frac{6}{10}$ 0,8 0,1 $\frac{14}{10}$ $\frac{3}{10}$ 1,8

6 **Complète les égalités.**

a. $\frac{14}{\dots} = 0,14$ b. $\frac{7}{\dots} = 0,07$

c. $\frac{\dots}{1\,000} = 0,289$ d. $\frac{\dots}{10} = 8,5$

e. $\frac{39}{\dots} = 0,039$ f. $\frac{491}{\dots} = 4,91$

INFOS PARENTS
– Les fractions décimales et nombres décimaux seront repris au chapitre *Mesures* dans des situations concrètes de mesure de longueurs, de masses, de contenances, de temps...
– Vous pouvez les utiliser avec votre enfant au quotidien (ex. : recettes de cuisine).

10 Décomposer les fractions décimales

NOMBRES

Je retiens

- Une fraction décimale peut se décomposer **en une somme d'un entier et d'une fraction décimale.**

$$\frac{13}{10} = \frac{10}{10} + \frac{3}{10} = 1 + \frac{3}{10}$$

- Cela peut se représenter sur une droite graduée :

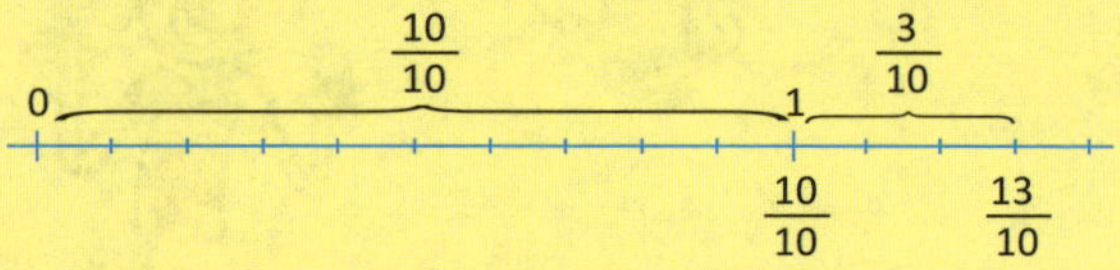

Je m'entraine

1 **Complète les égalités.**

a. $\frac{15}{10} = \frac{10}{10} + \frac{5}{10} = 1 + \frac{5}{10}$

b. $\frac{18}{10} = \frac{\dots}{10} + \frac{\dots}{10} = \dots + \frac{\dots}{10}$

c. $\frac{111}{100} = \frac{\dots}{100} + \frac{\dots}{100} = \dots + \frac{\dots}{100}$

2 **Complète les égalités.**

a. $\frac{215}{100} = \frac{200}{100} + \frac{\dots}{100} = \dots + \frac{\dots}{100}$

b. $\frac{417}{100} = \frac{400}{100} + \frac{\dots}{100} = \dots + \frac{\dots}{\dots}$

c. $\frac{965}{100} = \frac{\dots}{\dots} + \frac{\dots}{\dots} = \dots + \frac{\dots}{\dots}$

3 **Réduis les sommes à une fraction décimale.**

a. $8 + \frac{3}{10} = \frac{80}{10} + \frac{\dots}{10} = \frac{\dots}{10}$

b. $4 + \frac{9}{10} = \frac{\dots}{10} + \frac{\dots}{\dots} = \frac{\dots}{\dots}$

c. $9 + \frac{5}{10} = \frac{\dots}{10} + \frac{\dots}{\dots} = \frac{\dots}{\dots}$

J'approfondis

4 **Relie les sommes à la fraction décimale qui leur correspond.**

a. $2 + \frac{4}{100}$ •	• $\frac{24}{10}$
b. $20 + \frac{4}{10}$ •	• $\frac{204}{10}$
c. $2 + \frac{40}{100}$ •	• $\frac{240}{100}$
d. $2 + \frac{4}{10}$ •	• $\frac{204}{100}$

5 **Trouve la fraction correspondant au nombre décimal.**

a. $7{,}5 = 7 + \frac{\dots}{10} = \frac{\dots}{10} + \frac{\dots}{10} = \frac{\dots}{10}$

b. $4{,}2 = \dots + \frac{\dots}{\dots} = \frac{\dots}{\dots} + \frac{\dots}{\dots} = \frac{\dots}{\dots}$

c. $32{,}64 = 32 + \frac{\dots}{100} = \frac{3\,200}{100} + \frac{\dots}{100} = \frac{\dots}{\dots}$

6 **Entoure les égalités qui sont justes.**

a. $9 + \frac{4}{10} = \frac{94}{10}$

b. $4 + \frac{20}{100} = \frac{4\,200}{100}$

c. $2 + \frac{3}{10} = \frac{203}{10}$

d. $1 + \frac{11}{100} = \frac{111}{100}$

As-tu réussi ? ☐ ☐ ☐

INFOS PARENTS Il peut être utile de rappeler ou de préciser à votre enfant que, dans « fraction décimale », le mot « décimale » signifie **système des dizaines** (donc basé sur 10). De ce fait, la représentation sur une droite graduée s'effectuera au moyen d'unités divisibles par 10 (ex. : 1 cm = 10 mm).

11 Lire et écrire les nombres décimaux

Je retiens

- Il y a **plusieurs façons de lire** un nombre décimal.
  Le nombre décimal 15,23 se lit :
  « quinze virgule vingt-trois »
  ou 15 unités 2 dixièmes 3 centièmes
  ou 15 unités 23 centièmes

Partie entière			Partie décimale		
c	d	u	dixièmes	centièmes	millièmes
0	1	5 ,	5	6	4
0	9	8 ,	0	5	0

- On peut **supprimer ou écrire les** 0 à gauche de la partie entière ou à droite de la partie décimale sans changer la valeur du nombre.
  Les autres 0 ne peuvent en aucun cas être supprimés.

Je m'entraine

1 Écris les nombres décimaux dans le tableau.

241,78 – 7,01 – 0,453 – 2,006

Partie entière			Partie décimale		
c	d	u	dixièmes	centièmes	millièmes
		,			
		,			
		,			
		,			

2 Écris ce que représente le chiffre encadré.

a. 32,[5] → 5 est le chiffre des ....

b. 10,3[8]0 → ... est le chiffre des ....

c. 98,13[2] → ... est le chiffre des ....

d. 7,[1]3 → ... est le chiffre des ....

3 Barre les zéros inutiles.

a. ~~0~~45,1~~00~~ b. 53,040 c. 076,030

d. 105,130 e. 650,100 f. 010,400

J'approfondis

4 Entoure les nombres qui vérifient l'égalité.

a. 5,56 =	50,560	[05,56]	[5,560]
b. 17,2 =	17,202	170,2	017,20
c. 0,56 =	00,56	05,6	0,506
d. 11,11 =	101,101	011,110	011,011
e. 123,56 =	012,356	123,560	123,056

5 Complète le tableau.

3 unités 5 dixièmes	....
7 unités 45 centièmes	....
....	10,03
23 unités 152 millièmes	....
....	5,081

6 Décompose les nombres décimaux.

a. 14,54 = 10 + 4 + 0,5 + 0,04

b. 5,99 = ... + ... + ...

c. 153,42 = ... + ... + ... + ... + ...

d. 900,009 = ... + ...

e. 101,01 = ...

INFOS PARENTS
– En CM2, la partie décimale des nombres abordés se limite souvent à deux chiffres (centièmes).
– Il faut exercer votre enfant à associer les désignations orales et les écritures chiffrées des nombres décimaux.

12 Encadrer et intercaler les nombres décimaux

NOMBRES

Je retiens

- Un nombre décimal peut être **encadré par deux nombres entiers.**
  3 < 3,8 < **4**
- Un nombre décimal peut être **encadré par deux nombres décimaux.**
  3,6 < 3,65 < **3,7**
- On peut toujours **intercaler** un nombre décimal entre deux nombres décimaux.
  4,3 < **4,32** < 4,34 26,45 < **26,452** < 26,46

Je m'entraine

1 **Place ces nombres décimaux sur la droite graduée.**

2,3 – 3,1 – 2,8 – 2,65 – 2,2

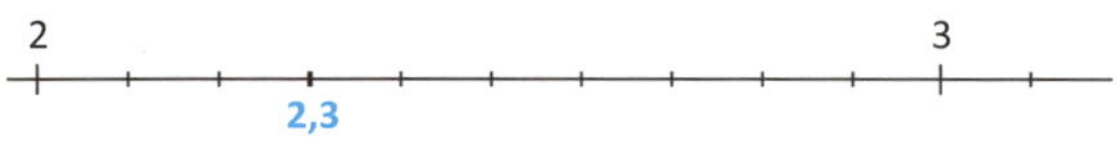

2 **Encadre les nombres décimaux par des nombres entiers consécutifs.**

a. 4 < 4,1 < 5
b. ..... < 9,75 < .....
c. ..... < 12,8 < .....
d. ..... < 15,7 < .....
e. ..... < 6,135 < .....
f. ..... < 3,72 < .....
g. ..... < 8,483 < .....
h. ..... < 17,45 < .....

3 **Encadre les nombres décimaux par deux nombres décimaux. Plusieurs solutions sont possibles.**

a. 5,5 < 5,59 < 5,6
b. ..... < 7,45 < .....
c. 1,2 < 1,24 < .....
d. ..... < 9,52 < .....
e. ..... < 3,85 < .....
f. ..... < 6,87 < .....
g. ..... < 12,91 < .....
h. ..... < 16,24 < .....

J'approfondis

4 **Complète les encadrements avec un nombre décimal. Plusieurs solutions sont possibles.**

a. 3,8 < 3,87 < 3,9
b. 10,4 < .... < 10,5
c. 19,9 < .... < 20
d. 78,45 < 78,452 < 8,46
e. 2,83 < .... < 2,84
f. 145,54 < .... < 145,55

5 **Trouve tous les nombres décimaux compris entre 3 et 5 qu'on peut écrire en utilisant les chiffres 3, 4 et 5 une seule fois.**

.... / .... / .... / ....

6 **Recopie chaque série de nombres en intercalant les trois nombres des étiquettes.**

a. 10,45 | 6,8 | 10,06
6 – 6,5 – 7,9 – 10 – 10,6
....

b. 5,2 | 3,4 | 3,152
3,14 – 3,88 – 5,02 – 5,72 – 6,02
....

As-tu réussi ?

INFOS PARENTS
– Il est toujours possible d'intercaler un nombre décimal entre deux nombres. Ex. : 2 < **2,548** < 3 ; 2 < **2,33** < 3.
– Il est impossible d'intercaler un nombre entier entre deux entiers consécutifs, alors que c'est possible avec une infinité de nombres décimaux.

13 Comparer et ranger les nombres décimaux

NOMBRES

Je retiens

- Pour comparer des nombres décimaux, **on regarde d'abord les parties entières.**

  45,6 < **56**,8 (car **45** < **56**)

- **Si les parties entières sont égales**, on compare **un à un** les chiffres de la partie décimale en commençant par les dixièmes, puis les centièmes…

Partie entière			Partie décimale		
c	d	u	dixièmes	centièmes	millièmes
	3	2 ,	5	**3**	2
	3	2 ,	5	**8**	

32,5**3**2 < 32,5**8** (car **3** < **8**)

- **Après avoir comparé les nombres décimaux, on peut les ranger par :**

– ordre **croissant** : 3,4 < 3,67 < 4,02 < 4,8

– ordre **décroissant** : 9,6 > 8,45 > 8,32 > 6,3

Je m'entraine

1 Range ces nombres décimaux dans l'ordre décroissant.

25,4 – 23,1 – 132,45 – 34 – 7,82 – 17,45

.... > .... > .... > ....

> .... > ....

2 Compare ces nombres en utilisant les signes < et >.

a. 4,35 4,15

b. 18,264 18,273

c. 10,38 10,32

d. 64,196 64,195

e. 86,365 86,465

f. 114,014 114,914

3 Range ces nombres décimaux dans l'ordre croissant.

4,48 – 15,92 – 7,54 – 4 – 15,82 – 4,3

.... < .... < .... < ....

< .... < ....

J'approfondis

4 Écris le chiffre qui manque. Plusieurs solutions sont possibles.

a. 7,543 < 7,583

b. 9,48 < 9,.... 8

c. 14,.... > 14,6

d. 56,777 < 56,7.... 7

e. 34,8.... > 34,82

f. 89,321 > 89,.... 21

5 Range ces nombres dans l'ordre croissant.

4,5 – 3,632 – 3,9 – 4,05 – 4,049 – 3,83 – 2,998 – 3,07 – 4,53 – 3,354

....

....

6 Résous le problème.

Voici les résultats de l'épreuve de saut en longueur aux Jeux olympiques en 2004 :

James Beckford (Jamaïque) : 8,31 m

John Moffitt (États-Unis) : 8,47 m

Joan Lino Martínez (Espagne) : 8,32 m

Dwight Phillips (États-Unis) : 8,59 m

Quels athlètes seront sur le podium ?

1er : ....

2e : ....

3e : ....

INFOS PARENTS Votre enfant ne doit pas se laisser « piéger » dans la comparaison des parties décimales : une partie décimale comportant un nombre important de chiffres n'est pas forcément supérieure à une partie décimale comportant peu de chiffres. Ex. : 67,**0**995 < 67,**7** (car **0** < 7)

14 Additionner des nombres entiers

Je retiens

• Pour additionner des nombres entiers, **on commence toujours par calculer la somme des unités**. Puis on continue l'opération en calculant la somme des **dizaines**, des **centaines**, etc.

	1	1	1	
2	3	2	8	6
+	1	0	4	3
+ 4	9	3	2	5
7	3	6	5	4

6 + 3 + 5 = **14**
On pose 4 unités au résultat et on retient **1** dizaine.
1 + 8 + 4 + 2 = **15**
On pose 5 dizaines au résultat et on retient **1** centaine, etc.

Je m'entraine

1 **Colorie les étiquettes à additionner pour obtenir le bon résultat.**

a.	45	→	10	05	23	12	34
b.	89	→	45	56	31	32	12
c.	145	→	45	12	63	37	43
d.	273	→	100	50	23	63	150
e.	442	→	12	17	410	20	35

2 **Pose et effectue ces opérations. Attention, place bien les chiffres !**

a. 7 + 8 396 + 24 639 = ...

b. 4 975 + 59 563 + 8 670 = ...

J'approfondis

3 **Complète les égalités.**

a. 525 + ... = 755

b. 2 326 + ... = 4 578

c. 10 452 + ... = 22 894

d. 7 324 + ... = 10 976

4 **Complète les additions à trous.**

	4	…	6
+	…	5	…
	7	9	0

		4	…	7 5
+	…	9 5	6	3
+		8 6	…	…
	7	… 2	0	8

5 **Complète ce carré pour qu'il soit magique.**

Dans un carré magique, les sommes des nombres d'une même ligne, d'une même colonne, ou d'une même diagonale sont égales. Chaque nombre ne peut être utilisé qu'une seule fois.

16	…	2	13
5	10	…	8
…	6	7	…
4	15	14	1

As-tu réussi ?

INFOS PARENTS
– En CM2, les calculs sont étudiés à travers une approche réaliste. Les opérations usuelles sont utilisées avec des nombres d'usage courant.
– Si besoin, pour approfondir cette leçon, vous pouvez revoir avec votre enfant la leçon *Lire et écrire les grands nombres* (p. 3).

15 Soustraire des nombres entiers

CALCULS

Je retiens

● Dans une soustraction, le nombre à soustraire doit être le plus petit. On commence par soustraire les **unités**, puis les **dizaines**, les **centaines**, etc.

```
    7 5 3 ¹3
 −    4 1 6
        +1
 ----------
    7 1 1 7
```

La soustraction des unités (3 – 6) n'étant pas réalisable (car 3 < 6), on ajoute une dizaine au 3 et on obtient 13 – 6 = **7**.

Afin d'équilibrer la soustraction, on ajoute une dizaine à 416. On obtient ainsi 3 – (1 + **1**) = 3 – 2 = **1**.

Je m'entraine

1 **Pose et effectue les opérations.**

a. 8 044 – 2 326 = ...

b. 75 141 – 6 098 = ...

2 **Voici les dates de naissance et de mort de compositeurs célèbres. Combien d'années ont-ils vécu ?**

a. *Ludwig van Beethoven : 1770-1827.*
Il a vécu .... ans.

b. *Claudio Monteverdi : 1567-1643.*
Il a vécu .... ans.

c. *Johann Sebastian Bach : 1685-1750.*
Il a vécu .... ans.

d. *Wolfgang Amadeus Mozart : 1756-1791.*
Il a vécu .... ans.

e. *Karlheinz Stockhausen : 1928-2007.*
Il a vécu .... ans.

J'approfondis

3 **Complète les égalités.**

a. 426 + ... = 569

b. 385 + ... = 598

c. 247 + ... = 381

d. 824 + ... = 1 117

4 **Trouve les chiffres manquants.**

```
    • 9 5 •
 −  1 • 2 9
 ----------
    3 6 2 7
```

```
    4 2 3 3 •
 −  2 • • 2 5
 ------------
    • 7 6 • 0
```

5 **Résous le problème.**

Ce tableau recense et classe selon leur origine les 76 millions de touristes ayant visité la France en 2005. Combien venaient de la région « Asie et Pacifique » ?

Europe	67 466 000
Amérique	4 639 000
Asie et Pacifique	....
Moyen-Orient	289 000
Afrique	977 000
Non défini	24 000

INFOS PARENTS ~ Votre enfant peut vérifier ses calculs en faisant l'opération inverse.
789 – 451 = **338** → **338** + 451 = 789

16 Multiplier des nombres entiers en ligne

CALCULS

Je retiens

- Pour aller plus vite dans la réalisation de multiplications en ligne ou posées, il faut parfaitement connaitre ses **tables de multiplication**.
- Lorsqu'on multiplie un nombre entier par 10, il n'est pas nécessaire de poser le calcul car il suffit d'ajouter un 0 après le nombre auquel 10 est multiplié.

En multipliant par 100, on ajoutera deux 0, en multipliant par 1 000 on en ajoutera trois, et ainsi de suite.

3 × 10 = 30 71 × 100 = 7 100 15 × 1 000 = 15 000

Je m'entraine

1 Calcule les multiplications suivantes sans les poser.

a. 9 × 5 = ... b. 7 × 7 = ...

c. 8 × 9 = ... d. 14 × 3 = ...

e. 21 × 6 = ... f. 22 × 4 = ...

2 Complète le tableau.

×	3	4	6	7
2	6	....	....	....
5	....	....	....	....
8	....	....	....	....
9	....	....	....	....

3 Calcule les multiplications suivantes sans les poser.

a. 53 × 10 = ... b. 651 × 10 = ...

c. 10 × 1 000 = ... d. 100 × 41 = ...

e. 84 × 1 000 = ... f. 10 000 × 54 = ...

J'approfondis

4 Complète ces multiplications.

a. 6 × .... = 24 b. 7 × .... = 42

c. .... × 5 = 45 d. 11 × .... = 110

e. 32 × 3 = ... f. .... × 128 = 12 800

5 Résous le problème.

Un professeur des écoles a photocopié 3 documents pour les 24 élèves de sa classe. Combien de photocopies a-t-il réalisées en tout ?

....

....

6 Résous le problème.

Une école primaire achète 100 manuels scolaires à 8 € et 50 cahiers d'exercices à 3 €. Quel est le cout total de cette dépense ?

....

....

As-tu réussi ? ☐ ☐ ☐

INFOS PARENTS – Votre enfant peut s'entrainer avec les tables de multiplication qui se trouvent à la fin de ce cahier : après les avoir complétées, il pourra s'entrainer à les mémoriser.

17 Multiplier des nombres entiers en posant

CALCULS

Je retiens

- Multiplier 345 par 268 se fait en plusieurs étapes :

$$\begin{array}{rrrrrl}
 & & 3 & 4 & 5 & \\
\times & & 2 & 6 & 8 & \\
\hline
 & 2 & 7 & 6 & 0 & \rightarrow 345 \times 8 \\
+\ 2 & 0 & 7 & 0 & \textcircled{0} & \rightarrow 345 \times 6\textcircled{0} \\
+\ 6 & 9 & 0 & \textcircled{0} & \textcircled{0} & \rightarrow 345 \times 2\textcircled{0}\textcircled{0} \\
\hline
9 & 2 & 4 & 6 & 0 & \rightarrow \text{résultat de l'addition } 2\,760 + 20\,700 + 69\,000
\end{array}$$

345 × 60 : on place ⓪ dans la colonne des unités puis on multiplie 345 par 6.

345 × 200 : on place ⓪⓪ dans les unités et les dizaines puis on multiplie 345 par 2.

- Pour obtenir le résultat final, **on additionne les résultats des trois produits partiels.**

Je m'entraine

1 Complète ces multiplications à trous.

a.

$$\begin{array}{rrrr}
 & & 7 & 1 \\
 & \times & 2 & 3 \\
\hline
 & . & 1 & . \\
+ & . & . 2 & \textcircled{ } \\
\hline
1 & 6 & . & 3
\end{array}$$

b.

$$\begin{array}{rrrr}
 & 8 & 0 & 2 \\
\times & & 1 & 7 \\
\hline
 & 5 & . 1 & 4 \\
+ & . & 0\ 2 & \textcircled{ } \\
\hline
1 & . & . 3 & .
\end{array}$$

2 Sur l'ardoise, pose et effectue les calculs.

a. 457 × 23 = ...

b. 2 931 × 64 = ...

c. 4 382 × 132 = ...

d. 12 678 × 35 = ...

3 Résous le problème.

Pour réaliser 1 seconde de film d'animation, 24 dessins doivent être produits. Laetitia souhaite réaliser un film d'animation de 2 minutes (120 secondes). Combien d'images doit-elle dessiner ?

....

....

J'approfondis

4 Sur l'ardoise, pose et effectue les calculs.

a. 278 × 305 = ...

b. 4 006 × 518 = ...

5 Résous le problème.

Hélène se rend à l'école en vélo. Le trajet aller-retour est de 700 m.

a. Quelle distance parcourt-elle en une semaine scolaire de 5 jours ? ....

b. En un mois (4 semaines scolaires) ?

....

6 Complète le tableau.

Un professeur de musique passe une commande. Remplis le bon et calcule le montant à régler.

Article	Prix unitaire	Quantité	Total
Tambour djembé	79 €	5	...... €
Triangle	8 €	6	...... €
Maracas	6 €	7	...... €
Xylophone	165 €	1	...... €
		Total de la commande :	...... €

INFOS PARENTS – Les tables de multiplication doivent être parfaitement maitrisées en CM2. Elles seront par ailleurs essentielles pour effectuer des divisions.

As-tu réussi ?

18 Multiples et diviseurs d'un nombre

Je retiens

- Un **multiple** d'un nombre **contient une ou plusieurs fois ce nombre.**

  16 = **1** × **16**   16 = **2** × **8**   16 = **4** × **4**
  16 est un **multiple** de **1 ; 2 ; 4 ; 8 ; 16**, car 16 contient une ou plusieurs fois ces nombres.

- Les **diviseurs** d'un nombre **sont les nombres par lesquels on peut le diviser avec un quotient exact.**

  16 : **1** = 16   16 : **2** = 8   16 : **4** = 4   16 : **8** = 2   16 : **16** = 1
  1 ; 2 ; 4 ; 8 ; 16 sont des **diviseurs** de 16, car la division de 16 par un de ces nombres donne un quotient exact (il n'y a pas de reste).

Je m'entraine

1 Colorie les multiples comme dans l'exemple.

3	4	6	15	17	27
5	3	10	27	45	78
2	9	18	47	54	80
9	19	27	54	65	99
6	9	12	28	36	60

2 Trouve tous les multiples de 6 compris entre 36 et 84, puis tous les multiples de 8 compris entre 64 et 112.

a. 36 84

b. 64 112

3 Entoure tous les nombres qui sont à la fois multiples de 3 et 5, puis de 2 et 3.

a. Multiples de 3 et 5 → 55 ; 97 ; 75 ; 240 ; 27 ; 300 ; 15 ; 315

b. Multiples de 2 et 3 → 7 ; 24 ; 8 ; 46 ; 30 ; 822 ; 69 ; 96 ; 126

J'approfondis

4 Trouve tous les diviseurs de chaque nombre proposé.

a. 18 → .... – .... – .... – .... – .... – ....

b. 54 → .... – .... – .... – .... – .... – .... – .... – ....

5 Complète les affirmations pour qu'elles soient justes. Plusieurs solutions sont possibles.

a. 25... est un multiple de 2

b. 2 455 est un multiple de ...

c. ...41 est divisible par 3

d. 6 53... est un multiple de 5

e. 111... est divisible par 2

6 Résous le problème.

L'école Francis-Jammes organise une grande course d'orientation. Le directeur souhaite regrouper les 180 participants dans des équipes ayant toutes le même nombre de participants, de 5 à 12 élèves. De combien d'élèves les équipes peuvent-elles être composées ? Attention, plusieurs solutions sont possibles.

....

As-tu réussi ?

INFOS PARENTS Votre enfant doit être capable d'identifier certains multiples : les nombres pairs sont tous multiples de 2 ; les nombres se terminant par 5 ou 0 sont tous multiples de 5 ; les nombres dont la somme des chiffres donne 3, 6 ou 9 sont tous multiples de 3 ; etc.

19 Diviser un entier par un nombre à un chiffre

CALCULS

Je retiens

- Une division représente **un partage en parts égales**.
- On pose une division en effectuant ces différentes étapes :

```
            Dividende   Diviseur
               6 4 8  |  5
5 × 1  ←     − 5      |-------
             -----    | 1 2 9
               1 4    |   ↑
5 × 2  ←     − 1 0    | quotient
             -----    |
                 4 8  |
5 × 9  ←       − 4 5  |
               -----  |
                   3  |
               reste  |
```

- 6 : 5 = 1
5 × 1 = 5 ; 6 − 5 = 1.
Il reste 1 centaine.
- Abaisser le 4 de 648.
- 14 : 5 = 2
5 × 2 = 10 ; 14 − 10 = 4.
Il reste 4 dizaines.
- Abaisser le 8 de 648.
48 : 5 = 9
5 × 9 = 45 ; 48 − 45 = 3.
Il reste 3 unités.

Dans cet exemple, **le quotient n'est pas exact, il a un reste** : 648 : 5 = **129** et il reste **3**.

Je m'entraine

1 **Calcule les divisions sans les poser.**

a. 49 : 7 = ...
b. 72 : 9 = ...
c. 52 : 4 = ...
d. 58 : 2 = ...
e. 90 : 6 = ...
f. 135 : 5 = ...

2 **Pose et effectue les divisions.**

a. 467 : 3 = ...   b. 1 369 : 7 = ...

J'approfondis

3 **Complète les égalités.**

a. 124 = 62 × ....   b. 321 = 107 × ....
c. 84 = 21 × ....   d. 207 = 23 × ....
e. 55 = 11 × ....   f. 240 = 30 × ....

4 **Complète le tableau.**

Dividende	Diviseur	Quotient	Reste
60	7	8	4
25	3	....	1
135	6	....	....
269	9	....	....
413	8	....	....

5 **Résous le problème.**

Paulo et Olga ont passé sept jours et sept nuits à Séville. En tout, l'hôtel leur a couté 266 €. Quel est le prix d'une nuit d'hôtel ?

....

INFOS PARENTS – Attention, les tables de multiplication doivent être maitrisées dans les deux sens ! Ex. : 7 × 8 = 56 ou 56 = 7 × 8.

20 Diviser un entier par un nombre à plusieurs chiffres

CALCULS

Je retiens

- Avant d'effectuer une division, on peut évaluer **l'ordre de grandeur du quotient**.

Pour la division 4 325 : 17
17 × 100 < **4 325** < 17 × 1 000
1 700 < **4 325** < 17 000

	4 3 2 5	17
17 × 2 ←	− 3 4	2 5 4
	0 9 2	
17 × 5 ←	− 8 5	
	0 7 5	
17 × 4 ←	− 6 8	
	0 7	

Le quotient sera donc compris **entre 100 et 1 000**, il se composera ainsi de **3 chiffres**.

On pose ensuite la division, on trouve comme résultat **254** ; ce quotient comporte bien 3 chiffres.

Je m'entraine

1 **Trouve l'ordre de grandeur du résultat de ces divisions.**

a. 3 360 : 14
→ 14 × 100 < 3 360 < 14 × 1 000
Le quotient se composera donc de 3 chiffres (il sera compris entre 100 et 1 000).

b. 5 267 : 72
→ 72 × ..... < 5 267 < 72 × .....
Le quotient se composera donc de .... chiffres.

c. 7 800 : 29
→ 29 × ..... < 7 800 < 29 × .....
Le quotient se composera donc de .... chiffres.

2 **Pose et effectue les divisions.**

a. 649 : 14 = ... b. 2 775 : 27 = ...

J'approfondis

3 **Complète les égalités.**

a. 39 = (4 × 9) + ...
b. 97 = (20 × ....) + ...
c. 253 = (30 × ....) + 13
d. 456 = (100 × ....) + ...

4 **Sur ton ardoise pose et effectue les divisions.**

a. 403 : 15 = ..., il reste ....
b. 836 : 27 = ..., il reste ....
c. 3 274 : 25 = ..., il reste ....
d. 6 473 : 12 = ..., il reste ....

5 **Résous le problème.**

Un fermier a ramassé 435 œufs. Il les vend à la douzaine.

a. **Combien de boites d'œufs complètes peut-il vendre ?**

....

b. **Combien d'œufs restera-t-il après cette vente ?**

....

As-tu réussi ?

INFOS PARENTS — Pour vérifier le résultat d'une division, votre enfant peut faire le calcul inverse. Ex. : 648 : 15 = 43 et il reste 3 → 648 = (43 × 15) + 3

21 Évaluer un ordre de grandeur

Je retiens

- Pour évaluer **l'ordre de grandeur du résultat** d'un calcul, on remplace les nombres qui composent ce calcul par leurs **valeurs approchées**. Le calcul peut ainsi s'effectuer mentalement, plus rapidement et plus simplement.

  42 × 689 → **40 × 700 = 28 000**

- Établir un ordre de grandeur permet de se faire une idée approximative d'un résultat et de prévenir certaines erreurs de calcul.

Je m'entraine

1 Donne une valeur approchée du résultat en suivant l'exemple.

a. 615 × 37 → 600 × 40 = 24 000
b. 5 684 + 432 → ....
c. 1 478 – 265 → ....
d. 497 × 81 → ....
e. 910 : 29 → ....

2 Entoure le nombre le plus proche du résultat.

a. 1 975 + 8 975	→	110	1 100	11 000
b. 2 689 – 475	→	2 200	22 000	220
c. 5 130 : 49	→	10	1 000	100
d. 731 × 4 215	→	280 000	2 800 000	28 000

3 Résous le problème.

Le Limousin regroupe la Corrèze (232 576 habitants), la Creuse (124 470 habitants) et la Haute-Vienne (353 893 habitants).

a. Évalue l'ordre de grandeur de la population du Limousin.

....

b. Calcule le résultat exact. ....

J'approfondis

4 Relie chaque opération à la valeur approchée qui lui correspond.

a. 8 015 × 398 •	• 8 400
b. 8 015 + 398 •	• 20
c. 8 015 – 398 •	• 3 200 000
d. 8 015 : 398 •	• 7 600

5 Sans poser les calculs, les résultats te semblent-ils vrais ou faux ?

a. 284 + 75 + 412 = 1 771 ☐ V ☐ F
b. 1 345 × 221 = 297 245 ☐ V ☐ F
c. 408 : 34 = 120 ☐ V ☐ F
d. 88 365 – 3 998 = 84 367 ☐ V ☐ F

6 Résous le problème.

Olivier souhaite changer 388 € contre des roupies pour aller en Inde.
Le taux de change est le suivant :
1 euro = 73 roupies indiennes.

a. De combien de roupies disposera-t-il approximativement ?

....

b. Combien de roupies possèdera-t-il précisément ? ....

INFOS PARENTS
– Le **calcul mental** doit être privilégié pour évaluer un ordre de grandeur.
– Il est important que votre enfant s'habitue à évaluer des ordres de grandeur avant de poser une opération.

22 Additionner et soustraire des nombres décimaux

CALCULS

Je retiens

- Pour additionner ou soustraire des nombres décimaux, les chiffres et les virgules doivent être correctement placés : les **unités sous les unités**, les **virgules sous les virgules**, les **dixièmes sous les dixièmes**…

```
      1
  1 8 3,7 4        2 8 2,5 0
+   1 2,6 0      -   7 1,3 5
-----------      -----------
  1 9 6,3 4        2 1 1,1 5
```

- On commence le calcul par la droite ; des 0 peuvent être ajoutés si nécessaire.

Je m'entraine

1 Calcule, sans poser l'opération.

a. 11,4 + 7,5 = ... b. 3,04 + 0,82 = ...
c. 9,8 – 4,3 = ... d. 14,99 – 1,9 = ...

2 Pose et effectue les additions.

a. 6 782,9 + 5,747 = ...
b. 378,05 + 0,98 + 12,8 = ...

3 Pose et effectue les soustractions.

a. 955,95 – 41,23 = ...
b. 1 649,7 – 7,576 = ...

J'approfondis

4 Complète les égalités.

a. 3,1 + ... = 5,4
b. 74,9 – .... = 60,1
c. 8,5 + ... = 10,3
d. 897,34 – .... = 800

5 Trouve le complément pour obtenir 10.

a. 7,2 + ... = 10 b. 4,6 + ... = 10
c. 1,8 + ... = 10 d. 9,9 + ... = 10

6 Résous le problème.

Emma souhaite acheter des fournitures scolaires pour la rentrée au collège : une calculatrice (22,50 €), une flute à bec (9,60 €), une tenue de sport (30,50 €) et un stylo-plume (4,90 €).

a. Si elle dispose d'un budget de 75 €, combien d'argent lui restera-t-il ?

....

b. Si elle dispose d'un budget de 40 €, quelle sélection d'articles devra-t-elle faire ?

....

As-tu réussi ?

INFOS PARENTS
- Votre enfant ne doit pas oublier d'ajouter la virgule au résultat, cette étape est fréquemment omise !
- Établir un ordre de grandeur permettra à votre enfant d'éviter ce genre d'erreurs.

23 Multiplier un nombre décimal par 10, 100, 1 000

CALCULS

Je retiens

- Lorsque l'on multiplie un nombre décimal par 10, 100 ou 1 000, on **déplace la virgule** de 1, 2 ou 3 rangs vers la droite.

  6,145 × **100** = 614,5

  14,984 × 1 **000** = 14 984

- Pour pouvoir déplacer la virgule, on **ajoute des 0** si nécessaire.

  7,5 × 1**00** = 75**0**

  12,8 × 1 **000** = 12 **800**

Je m'entraine

1 Effectue les multiplications.

a. 13,7 × 10 = ...

b. 17,15 × 1 000 = ...

c. 4,78 × 1 000 = ...

d. 0,309 × 100 = ...

2 Complète les égalités.

a. 8,4 × .... = 84

b. 0,5 × .... = 50

c. 82,3 × .... = 823

d. 24,015 × .... = 2 401,5

3 Trouve le résultat des produits et reporte-les dans le tableau.

×	3,6	14,85	0,462
10	......	......	......
100	......	......	......
1 000	......	......	......

J'approfondis

4 Complète les égalités.

a. .... × 10 = 85,6

b. 100 × .... = 508,9

c. 1 000 × .... = 4 200

d. .... × 100 = 16,2

5 Résous le problème.

Voici la grille de tarifs d'un studio pour tirer des photos numériques :

Format	Quantité	Prix à l'unité
10 × 15	de 1 à 999	0,08 €
10 × 15	1 000 et au-delà	0,07 €
13 × 19	de 1 à 999	0,18 €
13 × 19	1 000 et au-delà	0,14 €

a. **Quel est le prix de 4 000 photos de format 13 × 19 ?** ....

b. **Quel est le prix de 1 000 photos de format 10 × 15 ?** ....

c. **Quel est le prix de 100 photos de format 10 × 15 ?** ....

d. **Quel est le prix de 100 photos de format 13 × 19 ?** ....

INFOS PARENTS – Attention, les élèves ajoutent souvent des 0 dans la partie décimale des multiplications par 10, 100 ou 1 000 sans avoir préalablement déplacé la virgule. Ex. : 4,56 × 1000 = ~~4,56000~~

24 Multiplier un nombre décimal par un entier

CALCULS

Je retiens

```
      4,17
   ×    36
   -------
      2502
   + 12510
   -------
    150,12
```

● Lorsqu'un nombre décimal est multiplié par un nombre entier, on effectue d'abord le calcul **sans tenir compte de la virgule**. Ensuite, la virgule doit être **ajoutée au résultat**. On doit retrouver le **même nombre de chiffres après la virgule** au résultat que dans le nombre décimal de la multiplication.

Je m'entraine

1 **Place la virgule dans le résultat.**

a. 27,13 × 9 = 24417

b. 12 × 6,4 = 768

c. 49,07 × 11 = 53977

d. 5 × 21,235 = 106175

2 **Effectue les calculs suivants.**

a. 75,4 × 7 = ...

b. 13 × 4,25 = ...

c. 152,03 × 3 = ...

d. 28 × 2,375 = ...

3 **Le produit de 42,36 par 9 est 381,24. En te servant de ce résultat, trouve le produit des multiplications suivantes, sans effectuer le calcul.**

a. 4,236 × 9 = ...

b. 0,4236 × 9 = ...

c. 423,6 × 9 = ...

d. 4 236 × 0,9 = ...

J'approfondis

4 **Calcule.**

a. 15 × 0,1 = ...

b. 354 × 0,1 = ...

c. 0,01 × 24 = ...

d. 56 × 0,001 = ...

Que constates-tu ? ....

....

5 **Résous ce problème.**

Un cinéma a vendu en une journée 465 billets plein tarif à 9,90 € et 283 billets tarif réduit à 7,10 €. Quelle a été la recette de la journée ?

....

....

6 **Résous ce problème.**

Antonella organise un gouter pour son anniversaire. Elle achète 8 bouteilles de jus de fruits à 1,94 € pièce, 4 paquets de bonbons à 2,75 € pièce et 5 paquets de biscuits à 2,15 € pièce. Combien ses achats lui ont-ils couté ?

....

....

As-tu réussi ? ☐ ☐ ☐

INFOS PARENTS Le produit de deux nombres décimaux ne figure pas au programme du cycle 3 ; cet apprentissage relève du collège, à partir de la 5e.

25 Diviser des nombres entiers avec un quotient décimal

Je retiens

- Un quotient est **exact** lorsqu'il n'y a pas de **reste**.

On divise 33 par 4 :

```
 3 3 | 4          3 3,0 | 4          3 3,0 0 | 4
-3 2 | 8         -3 2   | 8,2       -3 2     | 8,25
   1               1 0                1 0
                 -   8              -   8
                     2                  2 0
                                      - 2 0
                                        0 0
```

8 est un quotient entier.

8,2 est un quotient au dixième près.

8,25 est un quotient **exact** au centième près.

Je m'entraine

1 **Sur l'ardoise, pose et effectue les divisions. Trouve un quotient décimal.**

a. 29 : 4 = ...

b. 51 : 2 = ...

c. 49 : 4 = ...

d. 68 : 5 = ...

2 **Complète le tableau.**

	Quotient entier	Quotient au dixième près	Quotient au centième près
18 : 8	2	**2,2**	**2,25**
57 : 4	....	....	....
37 : 5	....	....	....
83 : 4	....	....	....

3 **Résous ce problème.**

Quatre amis partent une semaine aux sports d'hiver. La location de leur appartement leur revient à 385 €. Combien chacun devra-t-il payer ?

....

J'approfondis

4 **Calcule les quotients au dixième près.**

a. 47 : 2 = ...

b. 99 : 4 = ...

c. 749 : 8 = ...

d. 562 : 5 = ...

5 **Calcule les quotients au centième près.**

a. 89 : 4 = ...

b. 394 : 8 = ...

c. 739 : 4 = ...

d. 791 : 5 = ...

6 **Résous ce problème.**

Trois camarades effectuent la division 356 : 5.
Aurélie trouve 712, Brahim trouve 71,2
et Lionel trouve 7,12.
Lequel des trois a trouvé la bonne réponse ?

....

INFOS PARENTS – Le calcul d'un quotient décimal est abordé en classe de CM2 dans des contextes concrets (centimes d'euros, centièmes de mètres, etc.) ; votre enfant doit s'entrainer à pratiquer ce type d'opérations.

26 Diviser un nombre décimal par un nombre entier

CALCULS

Je retiens

• Dans la division d'un nombre décimal par un nombre entier, **on divise dans un premier temps la partie entière**.
Quand on commence à diviser la partie décimale, **on place la virgule au quotient**.
On continue ensuite la division avec la partie décimale.

```
 3 0 6,9 0 | 2 2
-2 2       |-----
 -----     | 1 3,9 5
   0 8 6
  -6 6
  -----
    2 0 9
   -1 9 8
   ------
    0 1 1 0
     -1 1 0
     ------
      0 0 0
```

Je m'entraine

1 **Complète la division.**

```
              1 7 4,1 5 | 2 7
27 × 6 →    - • • •     | 6, • 5
            0 1 2 1
27 × ... →   -1 0 8
              0 1 3 5
27 × 5 →      -  • • •
              -  • • •
```

2 **Complète les égalités.**

a. ...... : 3 = 23,1
b. ...... : 2 = 37,5
c. ...... : 2 = 13,1
d. ...... : 6 = 14,1
e. ...... : 10 = 5,94
f. ...... : 100 = 2,245

3 **Résous ce problème.**

Patrice achète une série de 4 bandes dessinées de science-fiction. Cet achat lui coute 49,40 €.

Combien coute une bande dessinée ?

....

J'approfondis

4 **Calcule sans poser les divisions.**

a. 24,6 : 6 = ...
b. 120,84 : 2 = ...
c. 48,8 : 8 = ...
d. 36,12 : 4 = ...
e. 99,6 : 3 = ...
f. 25,2 : 5 = ...
g. 36,9 : 9 = ...
h. 25,8 : 3 = ...

5 **Sur ton ardoise, pose et effectue les divisions.**

a. 95,5 : 5 = ...
b. 118,8 : 54 = ...
c. 115,7 : 13 = ...
d. 21,84 : 12 = ...

6 **Résous ce problème.**

Nicolas a participé 15 fois au marathon de New York.
Au total, pour ces 15 épreuves, il a parcouru 632,925 km.

Quelle est la distance d'un marathon ?

....

As-tu réussi ? ☐ ☐ ☐

INFOS PARENTS
– Veillez à ce que votre enfant n'oublie pas d'écrire la virgule au quotient dès qu'il la rencontre au dividende.
– Votre enfant doit toujours évaluer le nombre de chiffres présents au quotient avant de commencer une division (*cf.* p. 22).

27 La proportionnalité

CALCULS

Je retiens

- Un tableau peut être utilisé pour représenter une **situation de proportionnalité**.
- Pour passer de la première à la seconde ligne, on multiplie, ou on divise, par un même nombre.

Ce nombre s'appelle le **coefficient de proportionnalité**.

× 3 (de la première à la seconde ligne) ; : 3 (de la seconde à la première ligne)

1	2	4	9
3	6	12	27

Je m'entraine

1 **Complète les tableaux de proportionnalité.**

a. × ... ; : ...

15	18	....	26
45	....	69	....

b. × ... ; : ...

7	12	....	....
35	....	75	100

2 **Ces tableaux sont-ils proportionnels ? Écris oui ou non.**

3	5	9	12	14
9	15	27	36	42

a. ....

5	7	8	10	12
20	32	32	50	72

b. ....

3	6	7	12	16
27	54	63	108	144

c. ....

J'approfondis

3 **Complète les tableaux de proportionnalité.**

a. × 2 ; : 2

1,5	2,8	6,7	12,9	15,6
3	....	....	....	....

b. ×... ; : 5

2,6	3,9	....	4,7	....
13	....	20	....	34

c. ×... ; :...

7	8,2	12,3	....	....
49	....	....	188,3	198,1

4 **Ces situations sont-elles proportionnelles ? Coche la case seulement si la proportionnalité est respectée.**

a. ☐ Un gâteau pour 6 personnes nécessite 3 œufs. Pour 12 personnes, il faut 6 œufs.

b. ☐ Un ticket de cinéma coute 9,50 €. 10 tickets de cinéma coutent 90,50 €.

c. ☐ Un litre d'essence coute 1,24 €. 8 litres d'essence coutent 9,02 €.

INFOS PARENTS

~ Une révision des tables de multiplication s'impose pour l'étude de la proportionnalité.

~ Vous pouvez quotidiennement observer avec votre enfant des situations de proportionnalité (rapport litre d'essence / prix par exemple).

28 Utiliser la proportionnalité

CALCULS

Je retiens

• Pour résoudre certains problèmes de proportionnalité, on peut utiliser des **tableaux de proportionnalité**. Dans certains cas, la lecture du tableau peut se faire de manière horizontale.

(× 5) (× 3)

Litres d'essence consommés	8	**40**	120
Distance (en km)	100	500	**1 500**

Une voiture consomme 8 litres d'essence pour 100 km. En parcourant 500 km, soit une distance 5 fois plus importante (5 × 100 km), ce véhicule consommera 40 litres d'essence (8 × **5**).

Je m'entraine

1 **Résous le problème à l'aide du tableau.**

Un marchand de bonbons vend ses friandises à la pesée. 100 g de bonbons acidulés sont vendus 1,20 €. Combien coutent 50 g, 150 g, 600 g, et 300 g de bonbons acidulés ? Réponds à ces questions en complétant le tableau.

(: 2) (× 3) (×...) (: ...)

Bonbons (en g)	100	50	150	600	300
Prix (en €)	1,20	0,60	.....	.....	.....

2 **Résous le problème à l'aide du tableau.**

Un ticket de métro parisien coute 1,80 €. Combien coutent 4 tickets ? Combien coutent 6 tickets ? Combien peut-on acheter de tickets avec 4,20 € ? Réponds à ces questions en complétant le tableau.

Tickets	1	4	6	.....
Prix (en €)	1,80	.....	.....	5,40

J'approfondis

3 **Complète le tableau pour que les proportions soient bien respectées.**

Voici les ingrédients pour cuisiner de délicieuses chouquettes :

Nombre de personnes	Eau	Beurre	Farine	Œufs	Levure
5	......	......	......	......	......
10	50 cL	200 g	300 g	6	1 sachet
20	......	......	......	......	......
60	......	......	......	......	......

4 **Résous le problème.**

Un voyagiste propose plusieurs formules pour découvrir l'Égypte : 1 séjour d'une semaine coute 399 € ; un séjour de 2 semaines coute 749 €, un séjour de 3 semaines coute 999 €.

a. Existe-t-il une relation de proportionnalité entre ces trois formules ?

....

b. Si le prix avait été proportionnel, combien aurait dû couter un séjour de 2 semaines ?

....

c. Et un séjour de 3 semaines ?

....

As-tu réussi ? ☐ ☐ ☐

INFOS PARENTS
– La leçon *Multiples et diviseurs d'un nombre* (p. 20) peut être reprise pour traiter des situations de proportionnalité.
– L'étude de la proportionnalité sera approfondie au collège.

29 Comprendre des situations de proportionnalité

CALCULS

Je retiens

- La proportionnalité s'applique à de nombreuses situations. En voici quelques exemples.
- Dans le cas des **vitesses**, moyennes ou constantes, la distance parcourue est proportionnelle au temps écoulé. Attention, les demi-heures correspondent à 0,5 en écriture décimale.

  4 h 30 = 4,5 h
- Dans le cas d'une **échelle**, il existe un lien de proportionnalité entre les dimensions de l'objet représenté (sur une carte, un plan ou en modèle réduit) et ses dimensions réelles.

  Par exemple, une maquette d'avion à l'échelle 1/200e sera 200 fois plus petite que l'avion d'origine.
- Les **pourcentages** expriment également des situations de proportionnalité comme des réductions commerciales au moment des soldes, les résultats d'un vote, etc.

Je m'entraine

1 Résous le problème en complétant le tableau.

Un randonneur a marché à une vitesse moyenne de 5,5 km/h. Quelle a été la distance parcourue après 3 h de marche ? Après 5 h 30 de marche ? Après 7 h 30 de marche ?

×.....

Temps de marche	1 h	3	.....	.....
Distance parcourue	.....	.....	.....	.....

2 Résous le problème.

La tour Eiffel mesure 324 mètres de hauteur. Calcule sa nouvelle hauteur pour les modèles réduits correspondant à ces différentes échelles.

a. 1/10e : ....

b. 1/100e : ....

c. 1/200e : ....

J'approfondis

3 Résous le problème.

Une recette de gâteau au chocolat préconise d'utiliser 25 % de farine. Trouve les quantités de farine nécessaire pour les cas suivants.

Poids du gâteau	400 g	800 g	1 000 g	1 300 g
Poids de la farine	100 g	.....	.....	.....

4 Résous le problème.

Voici les performances d'un cycliste qui relie Paris au Mont-Saint-Michel en 3 jours. Complète les données manquantes puis calcule la distance totale parcourue.

	Étape 1	Étape 2	Étape 3
Durée	6 h	4,5 h	.....
Vitesse moyenne	22 km/h	24 km/h	20 km/h
Distance parcourue	.....	.....	100 km

....

INFOS PARENTS ~ Avec les situations de proportionnalité, votre enfant peut s'entrainer à travers différents exemples de la vie quotidienne (ex. : recettes de cuisine, rapport quantité/prix, etc).

30 Lire et interpréter un graphique

Je retiens

- Des **données** peuvent être lues sur **un graphique**. Pour cela, il faut bien observer **l'échelle** et la **graduation**.
- Une situation est **proportionnelle** si les points sont **alignés sur une droite partant du point 0**.

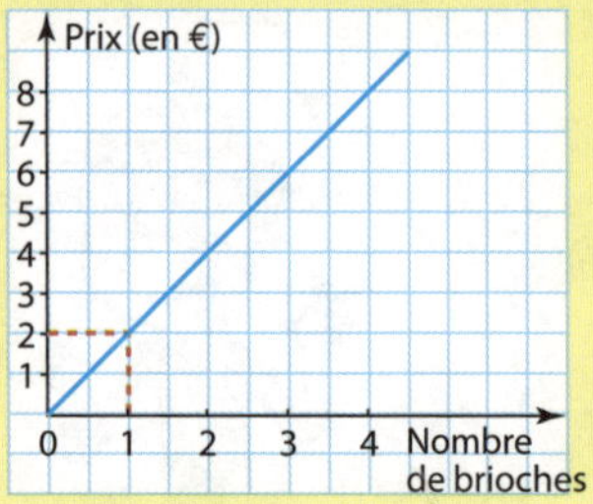

Nombre de brioches	1	2	3	4
Prix (en €)	2	4	6	8

Je m'entraine

1 Réponds aux questions à l'aide du graphique.

Ce graphique représente les tarifs d'un camping. La **courbe rouge** montre les prix pour une personne, la **courbe verte** représente les prix pour deux personnes.

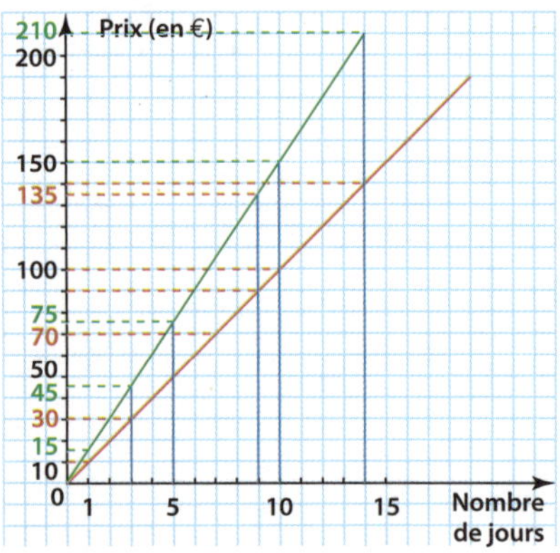

a. Complète les phrases.

7 nuits pour 1 personne coutent .... €.

10 nuits pour 2 personnes coutent .... €.

.... nuits pour 2 personnes coutent 45 €.

b. Complète ce tableau.

Nombre de jours	1	3	5	9	14
Prix pour une personne	10	30	.....	.....	.....
Prix pour deux personnes	.....	.....	.....	.....	.....

J'approfondis

2 Réponds aux questions à l'aide du graphique.

Voici le relevé pluviométrique (mesure de la pluie par un pluviomètre) pour la ville indienne de Calcutta :

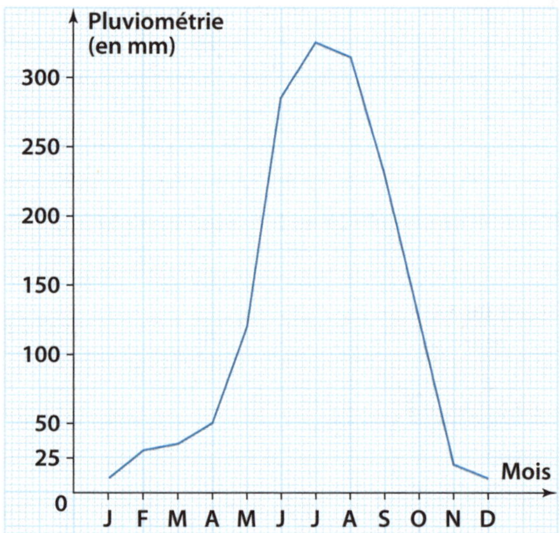

a. Quel est le mois le plus pluvieux de l'année ?

....

Lors de la mousson, les quantités mesurées dépassent les 100 mm.

b. Quels sont les 6 mois de l'année où sévit la mousson ?

....

....

As-tu réussi ?

INFOS PARENTS En classe de CM2, les élèves lisent, interprètent et utilisent des graphiques, tableaux, diagrammes, etc. Au cycle 4, cette étude sera prolongée dans le domaine des statistiques.

31 Construire un graphique

Je retiens

- Pour placer des **données** sur un graphique, on commence par **placer les points**, puis on les **relie ensemble**.
- Ces données sont **proportionnelles** si les points sont **alignés** et que la droite passe par le point (0 ; 0).

Un classeur coute 2 €, 4 classeurs coutent 8 €. L'augmentation est proportionnelle, les points sont alignés.

Je m'entraine

1 Réponds à la question c. en construisant un graphique.

Voici le relevé des températures moyennes de deux villes françaises :

	J	F	M	A	M	J	J	A	S	O	N	D
Paris	4	5	7	10	14	16	19	20	17	13	8	6
Nice	6	9	10	12	15	18	21	23	20	16	12	8

a. Place les points sur le graphique.

b. Relie les points des températures de Paris en bleu, celles de Nice en rouge.

c. Quelle est la ville où les températures sont les plus élevées ? ....

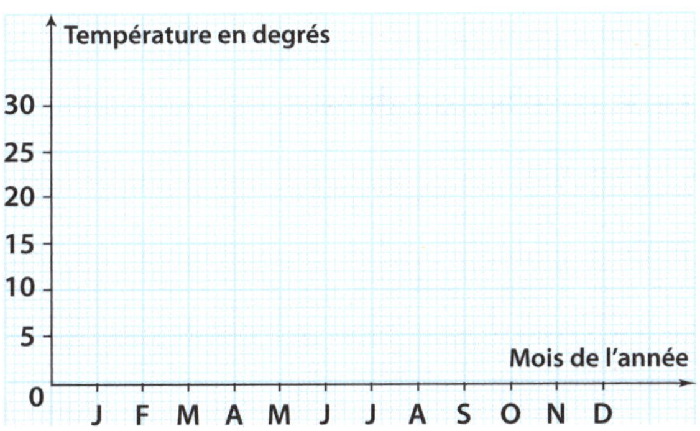

J'approfondis

2 Résous le problème en construisant un graphique.

Mamadou achète des vignettes autocollantes. Un sachet contient 5 images, 4 sachets contiennent 20 images, 5 sachets contiennent 25 images.

a. Reporte ces données sur le graphique, et trace une droite passant par ces points et par le point (0 ; 0).

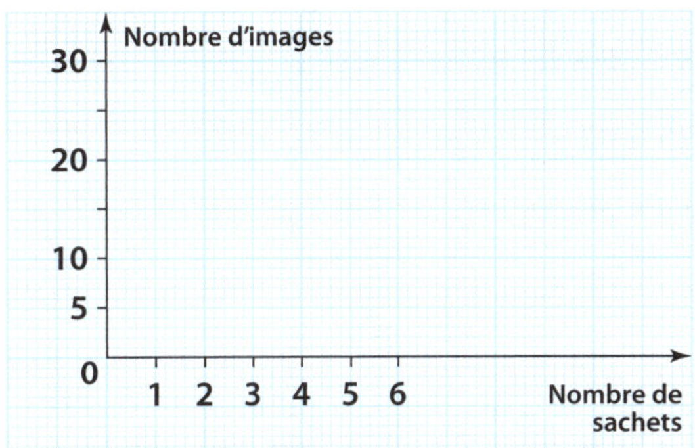

b. Lis sur le graphique.

– Combien d'images contiennent 3 sachets ?

....

– Combien d'images contiennent 6 sachets ?

....

– Dans combien de sachets sont contenues 25 images ? ....

INFOS PARENTS
- Pour placer des points sur un graphique, votre enfant doit respecter les indications et graduations de l'échelle du graphique.
- Les nombres négatifs dans les graphiques ainsi que les termes « abscisses » et « ordonnées » seront abordés plus tard dans la scolarité.

32 Utiliser la calculatrice

Je retiens

- La calculatrice n'est utilisée que si c'est vraiment indispensable (pour effectuer un calcul long ou vérifier un résultat).
- Attention, les erreurs de frappe étant très fréquentes, il faut **toujours évaluer un ordre de grandeur du résultat** pour vérifier que le résultat affiché est cohérent.

La virgule est représentée sous la forme d'un point [.].
La touche [=] affiche le résultat d'un calcul, plusieurs pressions sur cette touche répètent la dernière opération.

Je m'entraine

1 **Effectue les calculs en utilisant la calculatrice.**

a. 859 + 1 753 + 863 = ...

b. 21 086 – 7 849 = ...

c. 549 × 99 = ...

d. 9 072 : 5 = ...

2 **Effectue les calculs avec la calculatrice.**

a. 74,56 + 23,9 = ...

b. 364,75 × 42 = ...

c. 12,481 + 38,9 – 34,672 = ...

d. 88,33 : 11 = ...

3 **Effectue les calculs avec ta calculatrice, puis utilise la touche [=] et écris les nouveaux résultats.**

a. 14 + 14 = ... [=] ..... [=] ..... [=] ..... [=] .....

b. 26 × 2 = ... [=] ..... [=] ..... [=] ..... [=] .....

c. 356 – 18 = ... [=] ..... [=] ..... [=] ..... [=] .....

d. 729 : 3 = ... [=] ..... [=] ..... [=] ..... [=] .....

J'approfondis

4 **Calcule la valeur approchée du résultat. Vérifie avec ta calculatrice si cette valeur approchée est juste et note le résultat exact.**

a. 789,57 × 4 → (valeur approchée) ....
789,57 × 4 = ...

b. (157,3 + 41) × 8 → ....
(157,3 + 41) × 8 = ...

c. (4 838 – 912) : 2 → ....
(4 838 – 912) : 2 = ...

d. 29,04 + 137,51 + 402,9 → ....
29,04 + 137,51 + 402,9 = ...

5 **Trouve le nombre de départ.**

Je prends un nombre.
Je le multiplie par 5. J'ajoute 38,5 au résultat et j'obtiens 749.
Quel est ce nombre ?

....

As-tu réussi ?

INFOS PARENTS
- La calculatrice doit être utilisée avec modération, dans des situations bien précises. Il ne faut pas négliger le calcul mental !
- Certaines fonctions et touches de la calculatrice divergent parfois d'un modèle à l'autre ; référez-vous au mode d'emploi.

Corrigés

NOMBRES

1 Lire et écrire les grands nombres (p. 3)

1 a. 235 450 611 ; b. 6 878 043 ; c. 23 546 701 ; d. 67 035 421 400 ; e. 545 023 899

2 a. 280 **400** 954 ; **56** 400 ; 3 **980** 802
b. 5**4**0 098 563 ; **93** 873 001 ; 1**00** 780 651

3 a. 8 421 562 000 ; b. 305 042 168 ; c. 85 000 159

4 a. 72 millions 245 unités ; b. 687 millions 32 milliers ; c. 435 millions 240 milliers ; d. 453 millions 1 millier

5 a. les dizaines de millions ; b. les centaines de millions ; c. les centaines de mille ; d. les dizaines de mille

6 1 760 620

2 Décomposer les grands nombres (p. 4)

1 a. 8 000 000 + 70 000 + 500 + 3
b. 20 000 000 + 7 000 000 + 100 + 40
c. 10 000 000 + 800 000 + 3 000

2 a. (**5** × 1 000 000) + (**5** × 10 000) + (**3** × 1 000) + (**4** × 100)
b. (**1** × **1 000 000**) + (**4** × **100 000**) + (**9** × **10 000**) + (**6** × **10**)
c. (**1** × **10 000 000**) + (**8** × **100 000**) + (**3** × **1 000**)

3 a. 7 430 500 ; b. 10 070 430

4 a. 50 900 239 ; b. 507 001 342 ; c. 90 170 040 ; d. 600 760 040

5 a. 37 200 500 €
b. (3 × 10 000 000) + (7 × 1 000 000) + (2 × 100 000) + (5 × 100)

3 Comparer, ranger, intercaler les grands nombres (p. 5)

1 a. < ; b. > ; c. > ; d. <

2 a. 43 400 – 430 400 – 434 100 – 434 140 – 434 400 – 4 340 000
b. 605 000 – 6 001 988 – 6 004 299 – 6 005 300 – 6 005 350

3 2 767 850 < 21 645 700 < 175 423 000 < 210 780 000 < 1 754 230 000

4 1 845 630 et 1 998 700

5 Par exemple :
a. 4 456 320 < **4 456 321** < 4 456 322
b. 25 640 000 < **25 740 000** < 25 840 000
c. 89 323 001 < **89 423 001** < 89 523 001
d. 7 654 137 < **8 000 000** < 8 656 137

6 1. Tokyo ; 2. Séoul ; 3. Mexico ; 4. New York

4 Établir des valeurs approchées (p. 6)

1 a. 75 770 ; b. 230 120 ; c. 764 600 ; d. 2 989 280

2 a. 37 900 ; b. 7 410 600 ; c. 210 100 ; d. 5 125 700

3

Centaine inférieure	Nombre à arrondir	Centaine supérieure
17 800	17 854	**17 900**
541 900	541 948	**542 000**
129 900	129 912	**130 000**

4

	Dizaine la plus proche	Centaine la plus proche	Millier le plus proche
874 267	**874 270**	**874 300**	**874 000**
87 975 902	**87 975 900**	**87 975 900**	**87 976 000**
1 578 378	**1 578 380**	**1 578 400**	**1 578 000**

5 a. 17 274 000 ; b. 17 270 000 ; c. 17 000 000

6 70 000

5 Comprendre les fractions (p. 7)

1 a. $\frac{1}{2}$; b. $\frac{2}{3}$; c. $\frac{5}{8}$; d. $\frac{3}{4}$

2

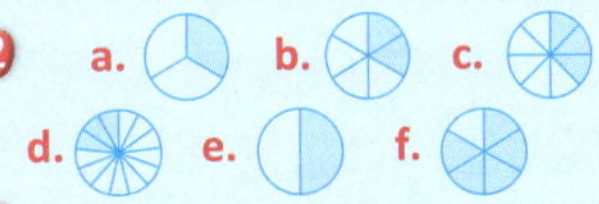

3

4 a. $\frac{3}{4}$; b. $\frac{5}{6}$; c. $\frac{3}{8}$; d. $\frac{7}{10}$

5

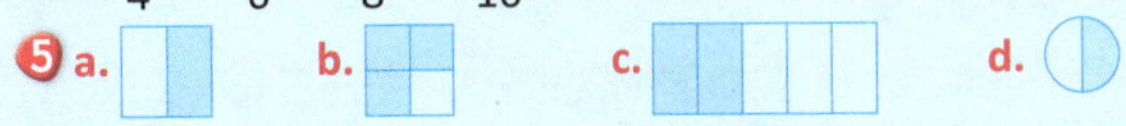

6

Il reste $\frac{3}{8}$.

6 Écrire des fractions (p. 8)

1 a. $\frac{4}{3} = \frac{3}{3} + \frac{1}{3} = 1 + \frac{1}{3}$; b. $\frac{12}{5} = \frac{10}{5} + \frac{2}{5} = 2 + \frac{2}{5}$

2 a. $1 = \frac{\mathbf{5}}{5}$; b. $\mathbf{1} = \frac{4}{4}$; c. $2 = \frac{\mathbf{6}}{3}$; d. $1 = \frac{8}{\mathbf{8}}$; e. $2 = \frac{\mathbf{8}}{4}$; f. $\mathbf{2} = \frac{14}{7}$

3 a. $\frac{6}{3} + \frac{\mathbf{1}}{3} = 2 + \frac{\mathbf{1}}{3}$ b. $\frac{\mathbf{5}}{5} + \frac{\mathbf{4}}{5} = 1 + \frac{\mathbf{4}}{5}$ c. $\frac{8}{4} + \frac{\mathbf{3}}{4} = 2 + \frac{\mathbf{3}}{4}$

4

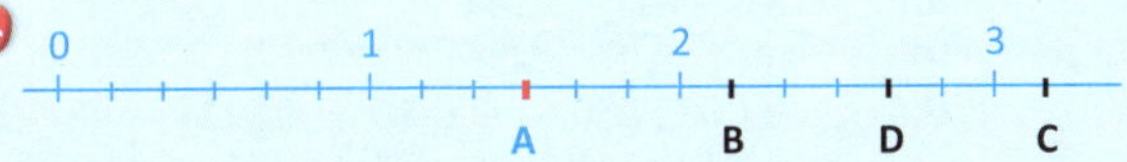

5 a. $\frac{\mathbf{8}}{8} + \frac{5}{8} = \frac{\mathbf{13}}{8}$; b. $\frac{\mathbf{10}}{5} + \frac{\mathbf{3}}{5} = \frac{\mathbf{13}}{5}$; c. $\frac{\mathbf{9}}{3} + \frac{\mathbf{2}}{\mathbf{3}} = \frac{\mathbf{11}}{\mathbf{3}}$

6 $\frac{15}{6} = \frac{\mathbf{12}}{6} + \frac{\mathbf{3}}{6} = \mathbf{2} + \frac{\mathbf{3}}{\mathbf{6}}$ Chloé a donc cuisiné **3** gâteaux.

7 Placer des fractions sur une droite graduée (p. 9)

1 a. $\frac{3}{4} < 1$ b. $\frac{5}{3} > 1$ c. $\frac{11}{11} = 1$
d. $\frac{8}{5} > 1$ e. $\frac{3}{12} < 1$ f. $\frac{16}{18} < 1$

2 A = $\frac{2}{3}$; B = $\frac{6}{3}$; C = $\frac{4}{3}$; D = $\frac{8}{3}$

3

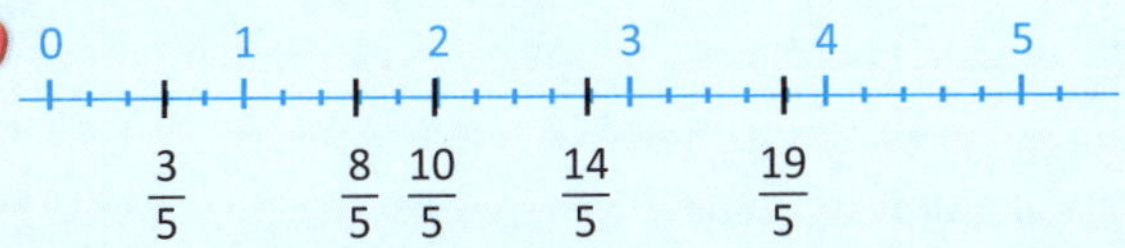

4

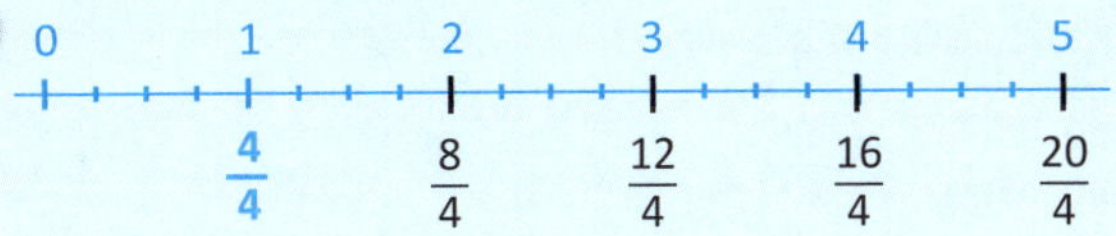

5

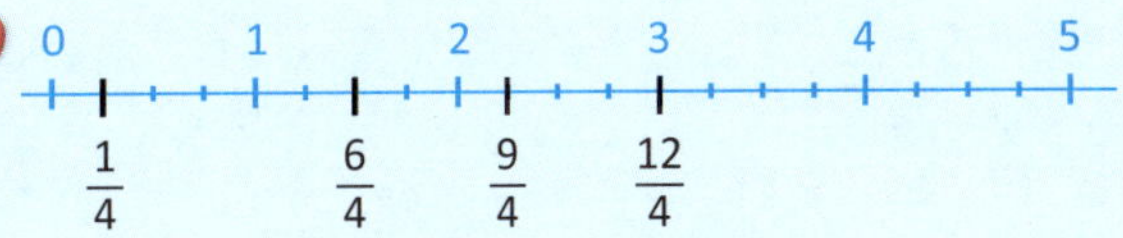

6

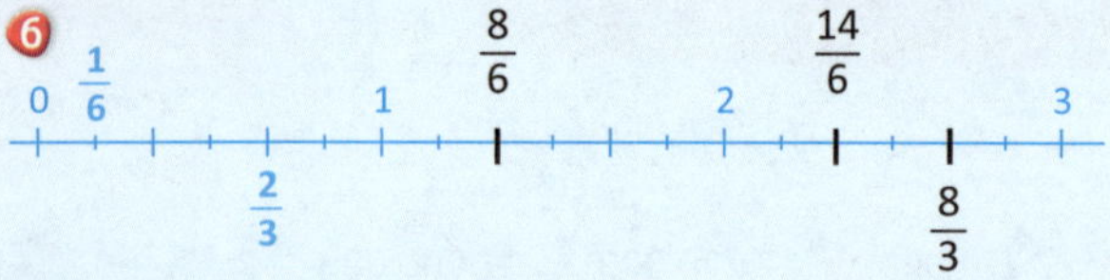

8 Comparer et encadrer les fractions (p. 10)

1 a. $\frac{4}{4} > \frac{3}{4}$ b. $\frac{12}{7} < \frac{21}{7}$ c. $\frac{50}{50} < \frac{99}{50}$

d. $\frac{2}{8} < \frac{3}{8}$ e. $\frac{86}{34} > \frac{76}{34}$ f. $\frac{54}{100} > \frac{45}{100}$

2 $\frac{1}{5} < \frac{5}{5} < \frac{9}{5} < \frac{11}{5} < \frac{55}{5} < \frac{111}{5}$

3 b. $\mathbf{2} < \frac{9}{4} < \mathbf{3}$ c. $\mathbf{0} < \frac{8}{9} < \mathbf{1}$ d. $\mathbf{2} < \frac{21}{10} < \mathbf{3}$

e. $\mathbf{0} < \frac{7}{11} < \mathbf{1}$ f. $\mathbf{0} < \frac{1}{2} < \mathbf{1}$

4 $\frac{23}{13} > \frac{15}{13} > \frac{12}{13} > \frac{7}{13} > \frac{4}{13} > \frac{1}{13}$

5 a. $\frac{4}{3}$ ou $\frac{5}{3}$; b. $\frac{5}{2}$; c. de $\frac{8}{7}$ à $\frac{13}{7}$; d. $\frac{1}{5}$ ou $\frac{2}{5}$ ou $\frac{3}{5}$ ou $\frac{4}{5}$;

e. $\frac{2}{3}$ ou $\frac{2}{4}$ ou $\frac{2}{5}$; etc. (le dénominateur doit être supérieur à 2) ;

f. $\frac{5}{4}$ ou $\frac{6}{4}$ ou $\frac{7}{4}$

6

a. Bruno
Miguel
François

b. François

9 Associer nombres décimaux et fractions décimales (p. 11)

1 b. $\frac{3}{\mathbf{10}}$; c. $\frac{\mathbf{14}}{100}$; d. $\frac{\mathbf{8}}{10}$; e. $\frac{\mathbf{7}}{\mathbf{10}}$; f. $\frac{\mathbf{24}}{\mathbf{100}}$

2 a. 0,9 ; b. 0,41 ; c. 0,008 ; d. 0,5 ; e. 0,18 ; f. 0,111

3 a. quarante-cinq dixièmes ; b. dix-sept centièmes c. trois millièmes

4 a. 1,5 ; b. 0,02 ; c. 0,45 ; d. 3,3 ; e. 0,2

5

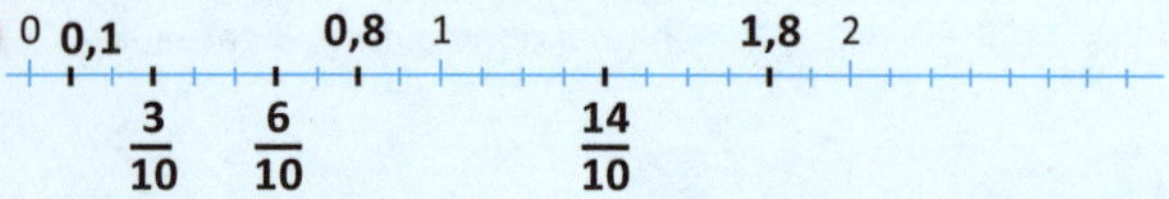

6 a. $\frac{14}{\mathbf{100}} = 0{,}14$; b. $\frac{7}{\mathbf{100}} = 0{,}07$; c. $\frac{\mathbf{289}}{1\,000} = 0{,}289$; d. $\frac{\mathbf{85}}{100} = 8{,}5$;

e. $\frac{39}{\mathbf{1\,000}} = 0{,}039$; f. $\frac{491}{\mathbf{100}} = 4{,}91$

10 Décomposer les fractions décimales (p. 12)

1 b. $\frac{\mathbf{10}}{10} + \frac{8}{10} = 1 + \frac{\mathbf{8}}{10}$

c. $\frac{\mathbf{100}}{100} + \frac{\mathbf{11}}{100} = 1 + \frac{\mathbf{11}}{100}$

2 a. $\frac{200}{100} + \frac{\mathbf{15}}{100} = \mathbf{2} + \frac{\mathbf{15}}{100}$

b. $\frac{400}{100} + \frac{\mathbf{17}}{100} = \mathbf{4} + \frac{\mathbf{17}}{\mathbf{100}}$

c. $\frac{\mathbf{900}}{\mathbf{100}} + \frac{\mathbf{65}}{\mathbf{100}} = \mathbf{9} + \frac{\mathbf{65}}{\mathbf{100}}$

3 a. $\frac{80}{10} + \frac{\mathbf{3}}{\mathbf{10}} = \frac{\mathbf{83}}{\mathbf{10}}$

b. $\frac{\mathbf{40}}{10} + \frac{\mathbf{9}}{\mathbf{10}} = \frac{\mathbf{49}}{\mathbf{10}}$

c. $\frac{\mathbf{90}}{10} + \frac{\mathbf{5}}{\mathbf{10}} = \frac{\mathbf{95}}{\mathbf{10}}$

4 a. $\frac{204}{100}$; b. $\frac{204}{10}$; c. $\frac{240}{100}$; d. $\frac{24}{10}$

5 a. $7{,}5 = 7 + \frac{\mathbf{5}}{10} = \frac{\mathbf{70}}{10} + \frac{\mathbf{5}}{10} = \frac{\mathbf{75}}{10}$

b. $4{,}2 = \mathbf{4} + \frac{\mathbf{2}}{\mathbf{10}} = \frac{\mathbf{40}}{\mathbf{10}} + \frac{\mathbf{2}}{\mathbf{10}} = \frac{\mathbf{42}}{\mathbf{10}}$

c. $32{,}64 = 32 + \frac{\mathbf{64}}{100} = \frac{3\,200}{100} + \frac{\mathbf{64}}{100} = \frac{\mathbf{3\,264}}{\mathbf{100}}$

6 a. et d.

11 Lire et écrire les nombres décimaux (p. 13)

1

Partie entière			Partie décimale		
c	d	u	dixièmes	centièmes	millièmes
2	4	1,	7	8	
		7,	0	1	
		0,	4	5	3
		2,	0	0	6

2 a. 5 est le chiffre des **dixièmes**. b. **8** est le chiffre des **centièmes**. c. **2** est le chiffre des **millièmes**. d. **1** est le chiffre des **dixièmes**.

3 b. 53,04∅ ; c. ∅76,03∅ ; d. 105,13∅ ; e. 650,1∅∅ ; f. ∅10,4∅∅

4 b. 017,20 ; c. 00,56 ; d. 011,110 ; e. 123,560

5

3 unités 5 dixièmes	3,5
7 unités 45 centièmes	7,45
10 unités 3 centièmes	10,03
23 unités 152 millièmes	23,152
5 unités 81 millièmes	5,081

6 b. 5 + 0,9 + 0,09 c. 100 + 50 + 3 + 0,4 + 0,02
d. 900 + 0,009 e. 100 + 1 + 0,01

12 Encadrer et intercaler les nombres décimaux (p. 14)

1

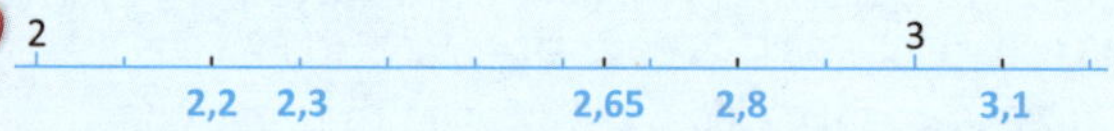

2 b. **9** < 9,75 < **10** ; c. **12** < 12,8 < **13** ; d. **15** < 15,7 < **16** ; e. **6** < 6,135 < **7** ; f. **3** < 3,72 < **4** ; g. **8** < 8,483 < **9** ; h. **17** < 17,45 < **18**

3 b. **7,4** < 7,45 < **7,5** ; c. **1,2** < 1,24 < **1,3** ; d. **9,5** < 9,52 < **9,6** ; e. **3,8** < 3,85 < **3,9** ; f. **6,8** < 6,87 < **6,9** ; g. **12,9** < 12,91 < **13** ; h. **16,2** < 16,24 < **16,3**

4 Par exemple : b. 10,4 < **10,45** < 10,5 ; c. 19,9 < **19,92** < 20 ; e. 2,83 < **2,832** < 2,84 ; f. 145,54 < **145,543** < 145,55

5 3,45 / 3,54 / 4,35 / 4,53

6 a. 6 – 6,5 – **6, 8** – 7,9 – 10 – **10,06** – **10,45** – 10,6
b. 3,14 – **3,152** – **3,4** – 3,88 – 5,02 – **5,2** – 5,72 – 6,02

13 Comparer et ranger les nombres décimaux (p. 15)

1 132,45 > 34 > 25,4 > 23,1 > 17,45 > 7,82

2 a. > ; b. < ; c. > ; d. > ; e. < ; f. <

3 4 < 4,3 < 4,48 < 7,54 < 15,82 < 15,92

4 Par exemple : b. 9,48 < 9,**6**8 ; c. 14,**8** > 14,6 ; d. 56,777 < 56,7**9**7 ; e. 34,8**7** > 34,82 ; f. 89,321 > 89,**1**21

5 2,998 < 3,07 < 3,354 < 3,632 < 3,83 < 3,9 < 4,049 < 4,05 < 4,5 < 4,53

6 1er : Dwight Phillips ; 2[e] : John Moffitt ; 3[e] : Joan Lino Martínez

CALCULS

14 Additionner des nombres entiers (p. 16)

1 b. **45** 56 31 **32** **12**
c. **45** 12 **63** **37** 43
d. **100** 50 **23** 63 **150**
e. **12** 17 **410** **20** 35

2 a.

```
          7
   1 1 2
+   8 3 9 6
   1
+ 2 4 6 3 9
-----------
  3 3 0 4 2
```

b.

```
   2 2
   4 9 7 5
 2
+ 5 9 5 6 3
+   8 6 7 0
-----------
  7 3 2 0 8
```

3 a. 525 + **230** = 755   b. 2 326 + **2 252** = 4 578
c. 10 452 + **12 442** = 22 894   d. 7 324 + **3 652** = 10 976

4

```
   1
+ 4 3 6
+ 3 5 4
-------
  7 9 0
```

```
   2 2
   4 9 7 5
 2
+ 5 9 5 6 3
+   8 6 7 0
-----------
  7 3 2 0 8
```

5

16	**3**	2	13
5	**10**	**11**	8
9	6	7	**12**
4	15	14	1

15 Soustraire des nombres entiers (p. 17)

1 a.

```
  8 ₁0 4 ₁4
− 2  3 2  6
 +1   +1
-----------
  5  7 1  8
```

b.

```
   7 ₁5 ₁1 ₁4 ₁1
−      6  0  9  8
  +1    +1 +1
-----------------
   6  9  0  4  3
```

2 a. 57 ans ; b. 76 ans ; c. 65 ans ; d. 35 ans ; e. 79 ans.

3 a. 426 + **143** = 569   b. 385 + **213** = 598
c. 247 + **134** = 381   d. 824 + **293** = 1 117

4

```
  4 9 5 ₁6
− 1 3 2  9
     +1
---------
  3 6 2  7
```

```
  4 ₁2 ₁3 3 5
− 2  4  7 2 5
 +1 +1
-------------
  1  7  6 1 0
```

5 2 605 000

16 Multiplier des nombres entiers en ligne (p. 18)

1 a. 45 ; b. 49 ; c. 72 ; d. 42 ; e. 126 ; f. 88

2

×	3	4	6	7
2	6	**8**	**12**	**14**
5	**15**	**20**	**30**	**35**
8	**24**	**32**	**48**	**56**
9	**27**	**36**	**54**	**63**

3 a. 530 ; b. 6 510 ; c. 10 000 ; d. 4 100 ; e. 84 000 ; f. 540 000

4 a. 6 × **4** = 24 ; b. 7 × **6** = 42 ; c. **9** × 5 = 45 ; d. 11 × **10** = 110 ; e. 32 × 3 = **96** ; f. **100** × 128 = 12 800

5 3 x 24 = 72   Le professeur a réalisé 72 photocopies.

6 (100 × 8) + (50 × 3) = 800 + 150 = 950
L'école a dépensé 950 €.

17 Multiplier des nombres entiers en posant (p. 19)

1 a.

```
        7 1
      × 2 3
  ---------
      2 1 3
  + 1 4 2 0
  ---------
    1 6 3 3
```

b.

```
        8 0 2
      ×   1 7
  -----------
      5 6 1 4
  +   8 0 2 0
  -----------
    1 3 6 3 4
```

2 a. 10 511 ; b. 187 584 ; c. 578 424 ; d. 443 730

3 24 × 120 = 2 880

4 a. 84 790 ; b. 2 075 108

5 a. 700 × 5 = 3 500.
Hélène parcourt 3 500 m en une semaine scolaire de 5 jours.
b. 3 500 × 4 = 14 000.
Hélène parcourt 14 000 m en un mois.

6

Article	Prix unitaire	Quantité	Total
Tambour djembé	79 €	5	**395 €**
Triangle	8 €	6	**48 €**
Maracas	6 €	7	**42 €**
Xylophone	165 €	1	**165 €**
Total de la commande			**650 €**

18 Multiples et diviseurs d'un nombre (p. 20)

1

5	3	10	27	45	78
2	9	18	47	54	80
9	19	27	54	65	99
6	9	12	28	36	60

2 a. 36 ; 42 ; 48 ; 54 ; 60 ; 66 ; 72 ; 78 ; 84
b. 64 ; 72 ; 80 ; 88 ; 96 ; 104 ; 112

3 a. 75 ; 240 ; 300 ; 15 ; 315
b. 24 ; 30 ; 822 ; 96 ; 126

4 a. 1 ; 2 ; 3 ; 6 ; 9 ; 18
b. 1 ; 2 ; 3 ; 6 ; 9 ; 18 ; 27 ; 54

5 a. 250, 252, 254, 256 ou 258 ; b. 5 ; c. 141, 441 ou 741 ;
d. 6 530 ou 6 535 ; e. 1 110, 1 112, 1 114, 1 116 ou 1 118

6 180 : 5 = 36 ; 180 : 6 = 30 ; 180 : 9 = 20 ; 180 : 10 = 18 ;
180 : 12 = 15
Les équipes pourraient être formées de 5, 6, 9, 10 ou 12 élèves.

19 Diviser un entier par un nombre à un chiffre (p. 21)

1 a. 7 ; b. 8 ; c. 13 ; d. 29 ; e. 15 ; f. 27

2 a. 155, il reste 2 ; b. 195, il reste 4

```
  4 6 7 | 3
− 3     |-----
  1 6   | 1 5 5
− 1 5   |
    1 7 |
  − 1 5 |
      2 |
```

```
  1 3 6 9 | 7
 − 7      |-----
  0 6 6   | 1 9 5
  − 6 3   |
      3 9 |
    − 3 5 |
        4 |
```

3 a. 62 × **2** ; b. 107 × **3** ; c. 21 × **4** ; d. 23 × **9** ; e. 11 × **5** ; f. 30 × **8**

4

Dividende	Diviseur	Quotient	Reste
60	7	8	4
25	3	**8**	1
135	6	**22**	**3**
269	9	**29**	**8**
413	8	**51**	**5**

5 266 : 7 = 38 Une nuit d'hôtel coute 38 €.

20 Diviser un entier par un nombre à plusieurs chiffres (p. 22)

1 b. 72 × **10** < 5 267 < 72 × **100**
Le quotient se composera donc de **2** chiffres.
c. 29 × **100** < 7 800 < 29 × **1 000**
Le quotient se composera donc de **3** chiffres.

2 a. 46, il reste 5 ; b. 102, il reste 21

```
  6 4 9  | 14          2 7 7 5  | 27
 −5 6    |----        −2 7      |-----
  0 8 9  | 46          0 0 7 5  | 102
   −8 4  |               −5 4   |
      5  |                 2 1  |
```

3 a. 39 = (4 × 9) + **3** b. 97 = (20 × **4**) + **17**
c. 253 = (30 × **8**) + 13 d. 456 = (100 × **4**) + **56**

4 a. 26, il reste 13 ; b. 30, il reste 26 ; c. 130, il reste 24 ; d. 539, il reste 5

5 435 : 12 = 36, il reste 3. Le fermier peut donc vendre 36 boites pleines ; il lui restera 3 œufs.

21 Évaluer un ordre de grandeur (p. 23)

1 b. 5 600 + 400 = 6 000 c. 1 500 – 250 = 1 250
d. 500 × 80 = 40 000 e. 900 : 30 = 30

2 a. 11 000 ; b. 2 200 ; c. 100 ; d. 2 800 000

3 a. 230 000 + 120 000 + 350 000 = 700 000
b. 232 576 + 124 470 + 353 893 = 710 939

4 a. 3 200 000 ; b. 8 400 ; c. 7 600 ; d. 20

5 a. Faux ; b. Vrai ; c. Faux ; d. Vrai

6 a. 400 × 70 = 28 000. Olivier disposera approximativement de 28 000 roupies.
b. 388 × 73 = 28 324. Il possèdera 28 324 roupies.

22 Additionner et soustraire des nombres décimaux (p. 24)

1 a. 18,9 ; b. 3,86 ; c. 5,5 ; d. 13,09

2 a.

```
      1
  6 7 8 2,9 0 0
+       5,7 4 7
---------------
  6 7 8 8,6 4 7
```

b.

```
    1 1 1
  3 7 8,0 5
+     0,9 8
+   1 2,8
-----------
  3 9 1,8 3
```

3 a.

```
  9 5 5,9 5
−   4 1,2 3
-----------
  9 1 4,7 2
```

b.

```
  1 6 4 9,7 0 0
             1 1
−       7,5 7 6
         +1 +1
---------------
  1 6 4 2,1 2 4
```

4 a. 3,1 + **2,3** = 5,4 b. 74,9 – **14,8** = 60,1
c. 8,5 + **1,8** = 10,3 d. 897,34 – **97,34** = 800

5 a. 7,2 + **2,8** = 10 b. 4,6 + **5,4** = 10
c. 1,8 + **8,2** = 10 d. 9,9 + **0,1** = 10

6 a. 75 – (22,50 + 9,60 + 30,50 + 4,90) = 75 – 67,50 = 7,50
Il lui restera 7,50 €.
b. Elle pourra faire les combinaisons suivantes :
→ Calculatrice + flute + stylo : 22,50 + 9,60 + 4,90 = 37
→ Tenue de sport + stylo : 30,50 + 4,90 = 35,40

23 Multiplier un nombre décimal par 10, 100, 1 000 (p. 25)

1 a. 137 ; b. 17 150 ; c. 4 780 ; d. 30,9

2 a. 8,4 × **10** = 84 b. 0,5 × **100** = 50
c. 82,3 × **10** = 823 d. 24,015 × **100** = 2401,5

3

×	3,6	14,85	0,462
10	**36**	**148,5**	**4,62**
100	**360**	**1 485**	**46,2**
1 000	**3 600**	**14 850**	**462**

4 a. **8,56** × 10 = 85,6 b. 100 × **5,089** = 508,9
c. 1 000 × **4,2** = 4 200 d. **0,162** × 100 = 16,2

5 a. 4 000 × 0,14 = **560 €.** b. 1 000 × 0,07 = **70 €.**
c. 100 × 0,08 = **8 €.** d. 100 × 0,18 = **18 €**

24 Multiplier un nombre décimal par un entier (p. 26)

1 a. 244,17 ; b. 76,8 ; c. 539,77 ; d. 106,175

2 a. 527,8 ; b. 55,25 ; c. 456,09 ; d. 66,5

3 a. 38,124 ; b. 3,8124 ; c. 3 812,4 ; d. 3 812,4

4 a. 1,5 ; b. 35,4 ; c. 0,24 ; d. 0,056
Multiplier par 0,1 ; 0,01 ou 0,001 revient à diviser par 10, 100 ou 1 000.

5 (465 × 9,90) + (283 × 7,10) = 4 603,50 + 2 009,30 = 6 612,80 €
La recette de la journée a été de 6 612,80 €.

6 (8 × 1,94) + (4 × 2,75) + (5 × 2,15) = 15,52 + 11 + 10,75 = 37,27
Ses achats lui ont couté 37,27 €.

25 Diviser des nombres entiers avec un quotient décimal (p. 27)

1 a. 7,25 ; b. 25,5 ; c. 12,25 ; d. 13,6

2

	Quotient entier	Quotient au dixième près	Quotient au centième près
57 : 4	**14**	**14,2**	**14,25**
37 : 5	**7**	**7,4**	**7,40**
83 : 4	**20**	**20,7**	**20,75**

3 385 : 4 = 96,25. Chacun devra payer 96,25 €.

4 a. 23,5 ; b. 24,7 ; c. 93,6 ; d. 112,4

5 a. 22,25 ; b. 49,25 ; c. 184,75 ; d. 158,20

6 356 : 5 = 71,2. C'est Brahim qui a trouvé la bonne réponse.

26 Diviser un nombre décimal par un nombre entier (p. 28)

1

```
              1 7 4,1 5  | 2 7
27 × 6 →    − 1 6 2      |------
            ---------    | 6,4 5
              0 1 2 1    |
27 × 4 →      − 1 0 8    |
              -------    |
                0 1 3 5  |
27 × 5 →        − 1 3 5  |
                -------  |
                  0 0 0  |
```

2 a. **69,3** : 3 = 23,1 b. **75** : 2 = 37,5
c. **26,2** : 2 = 13,1 d. **84,6** : 6 = 14,1
e. **59,4** : 10 = 5,94 f. **224,5** : 100 = 2,245

3 49,40 : 4 = 12,35. Une bande dessinée coute 12,35 €.

4 a. 4,1 ; b. 60,42 ; c. 6,1 ; d. 9,03 ; e. 33,2 ; f. 5,04 ; g. 4,1; h. 8,6

5 a. 19,1 ; b. 2,2 ; c. 8,9 ; d. 1,82

6 632,925 : 15 = 42,195
La distance d'un marathon est de 42,195 km.

27 La proportionnalité (p. 29)

1 a. × 3 ; : 3

15	18	**23**	26
45	**54**	69	**78**

b. × 5 ; : 5

7	12	**15**	**20**
35	**60**	75	100

2 a. Oui ; b. Non ; c. Oui

3 a. × 2 ; : 2

1,5	2,8	6,7	12,9	15,6
3	**5,6**	**13,4**	**25,8**	**31,2**

b. × 5 ; : 5

2,6	3,9	**4**	4,7	**6,8**
13	**19,5**	20	**23,5**	34

c. × 7 ; : 7

7	8,2	12,3	**26,9**	**28,3**
49	**57,4**	**86,1**	188,3	198,1

4 Il fallait cocher seulement la case a.

28 Utiliser la proportionnalité (p. 30)

1 : 2 ; × 3 ; × 4 ; : 2

Bonbons (en g)	100	50	150	600	300
Prix (en €)	1,20	**0,60**	**1,8**	**7,2**	**3,6**

2 × 4 ; × 6 ; : 2

Tickets	1	4	6	**3**
Prix (en €)	1,80	**7,20**	**10,8**	5,40

3

Nombre de personnes	Eau	Beurre	Farine	Œufs	Levure
5	**25 cL**	**100 g**	**150 g**	**3**	**0,5 sachet**
10	50 cL	200 g	300 g	6	1 sachet
20	**100 cL**	**400 g**	**600 g**	**12**	**2 sachets**
60	**300 cL**	**1 200 g**	**1 800 g**	**36**	**6 sachets**

4 a. Non.
b. 2 × 399 = 798. Un séjour de 2 semaines aurait dû couter 798 €.
c. 3 × 399 = 1 197. Un séjour de 3 semaines aurait dû couter 1 197 €.

29 Comprendre des situations de proportionnalité (p. 31)

1 × 5,5

Temps de marche	1 h	3 h	**5,5 h**	**7,5 h**
Distance parcourue	5,5 km	**16,5 km**	**30,25 km**	**41,25 km**

2 a. 32,4 m ; b. 3,24 m ; c. 1,62 m

3 × 0,25 ou : 4

Poids du gâteau	400 g	800 g	1 000 g	1 300 g
Poids de la farine	100 g	200 g	250 g	325 g

4

	Étape 1	Étape 2	Étape 3
Durée	6 h	4,5 h	**5 h**
Vitesse moyenne	22 km/h	24 km/h	20 km/h
Distance parcourue	**132 km**	**108 km**	100 km

132 + 108 + 100 = 340 Le cycliste a parcouru 340 km pour relier Paris au Mont-Saint-Michel.

30 Lire et interpréter un graphique (p. 32)

1 a. 7 nuits pour 1 personne coutent **70** €.
10 nuits pour 2 personnes coutent **150** €.
3 nuits pour 2 personnes coutent **45** €.

b.

Nombre de jours	1	3	5	9	14
Prix pour une personne	10	30	**50**	**90**	**140**
Prix pour deux personnes	**15**	**45**	**75**	**135**	**210**

2 a. Juillet. b. Mai, juin, juillet, aout, septembre et octobre.

31 Construire un graphique (p. 33)

1 a. et b.

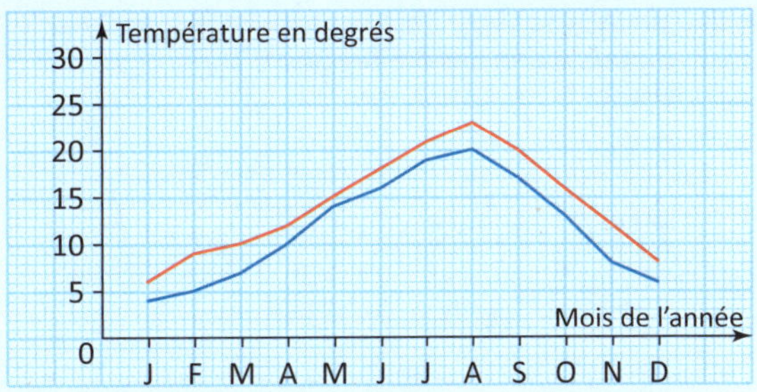

c. Nice.

2 a.

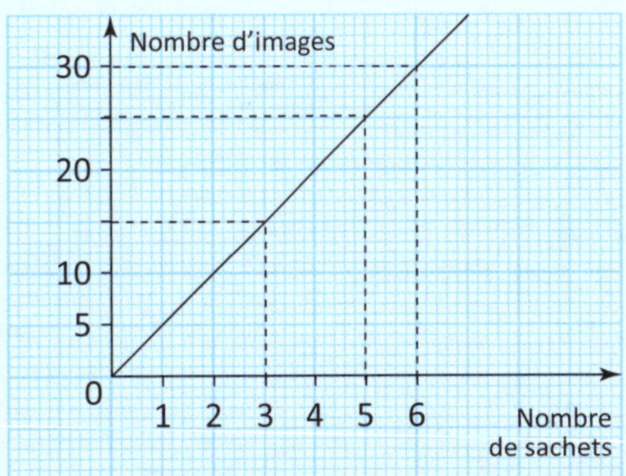

b. 3 sachets contiennent 15 images. 6 sachets contiennent 30 images. 25 images sont contenues dans 5 sachets.

32 Utiliser la calculatrice (p. 34)

1 a. 3 475 ; b. 13 237 ; c. 54 351 ; d. 1 814,4

2 a. 98,46 ; b. 15 319,5 ; c. 16,709 ; d. 8,03

3 a. 28 [=] 42 [=] 56 [=] 70 [=] 84
b. 52 [=] 104 [=] 208 [=] 416 [=] 832
c. 338 [=] 320 [=] 302 [=] 284 [=] 266
d. 243 [=] 81 [=] 27 [=] 9 [=] 3

4 a. 789,57 × 4 → **800 × 4 = 3 200**
789,57 × 4 = **3 158,28**
b. (157,3 + 41) × 8 → **200 × 8 = 1 600**
(157,3 + 41) × 8 = **1 586,4**
c. (4 838 – 912) : 2 → **4 000 : 2 = 2 000**
(4 838 – 912) : 2 = **1 963**
d. 29,04 + 137,51 + 402,9 → **30 + 140 + 400 = 570**
29,04 + 137,51 + 402,9 = **569,45**

5 749 – 38,5 = 710,5
710,5 : 5 = 142,1
Le nombre est 142,1

33 Calculer mentalement (p. 35)

1 a. 28 + **72** = 100
b. 64 + **36** = 100
c. 43 + **57** = 100
d. 470 + **530** = 1 000
e. 860 + **140** = 1 000

2 a. 95 ; b. 350 ; c. 1 993 ; d. 75 ; e. 215

3 a. 53 ; b. 47 ; c. 137 ; d. 76 ; e. 168

4 100 – 11 – 6 – 90 – 30 – 7

5 a. 463 ; b. 7,5 ; c. 132,5 ; d. 8 040 ; e. 247,5

6 a. 1,48 ; b. 0,735 ; c. 2,069 ; d. 0,03316 ; e. 0,075

ESPACE ET GÉOMÉTRIE

34 Connaitre le vocabulaire et les instruments de la géométrie (p. 36)

1 [AB] est un **segment**.
Les droites (d) et (d_1) sont **sécantes**.
I est le **milieu** de [AB].
J est le point **d'intersection** des droites (d) et (d_1).
A, J et C sont **alignés**.

2 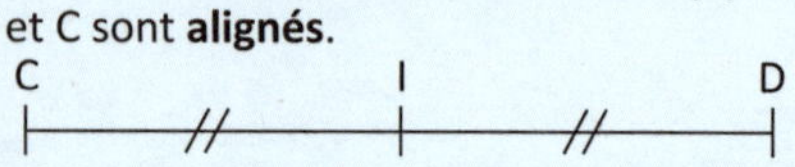

3 [EF] et [IJ] ont la même longueur que [AB].

4 A : le compas. B : l'équerre et la règle graduée. C : la règle graduée et le compas. D : la règle graduée

35 Se repérer dans l'espace (p. 37)

1 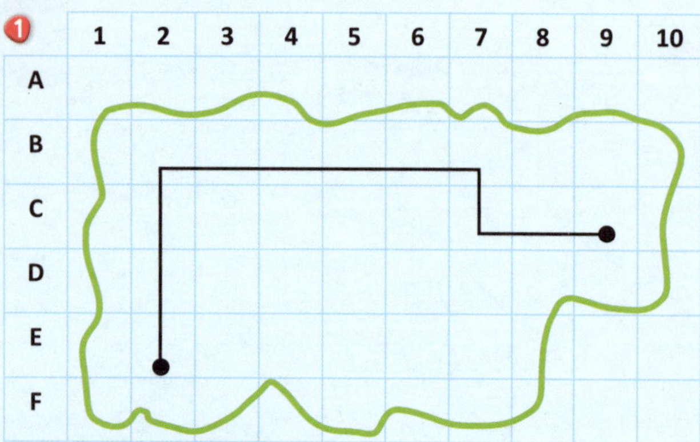

a. Le trésor se situe à la case (C,9).

b. (E,2) → (D,2) → (C,2) → (B,2) → (B,3) → (B,4) → (B,5) → (B,6) → (B,7) → (C,7) → (C,8) → (C,9)

2 b. Prendre le chemin **des Mésanges**. Tourner à **droite** et **prendre l'avenue des Oiseaux**. Tourner à gauche et prendre le chemin du Rossignol. Tourner à gauche et prendre la route des Alouettes. Tourner à droite et prendre la rue du Bouvreuil.

36 Tracer des symétries axiales (p. 38)

1 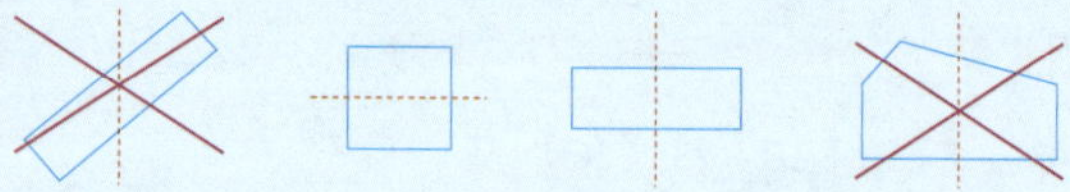

2 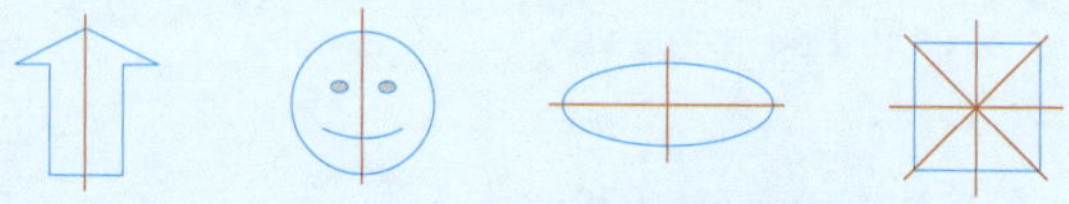

3 

4 

37 Tracer des droites parallèles et perpendiculaires (p. 39)

1 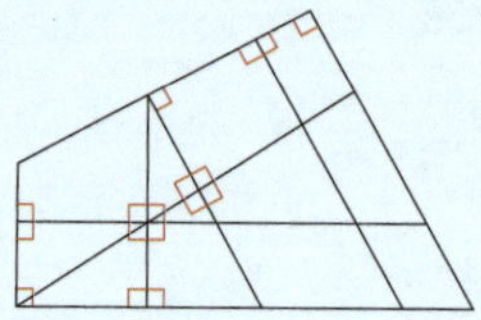

2 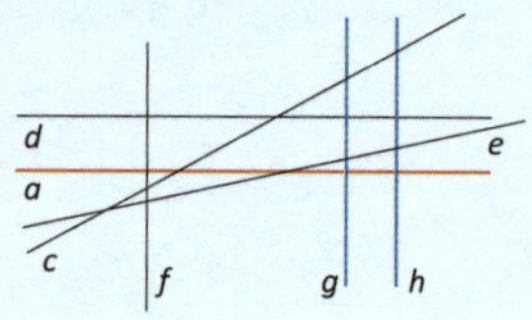

3 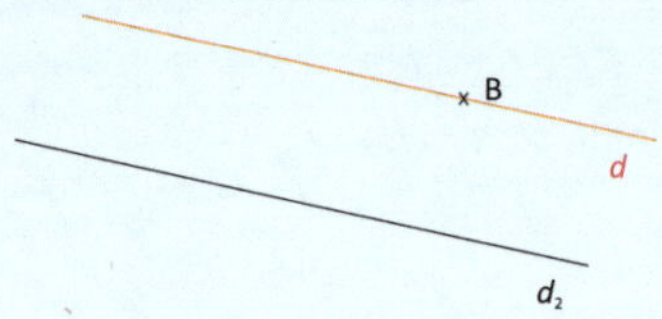

4 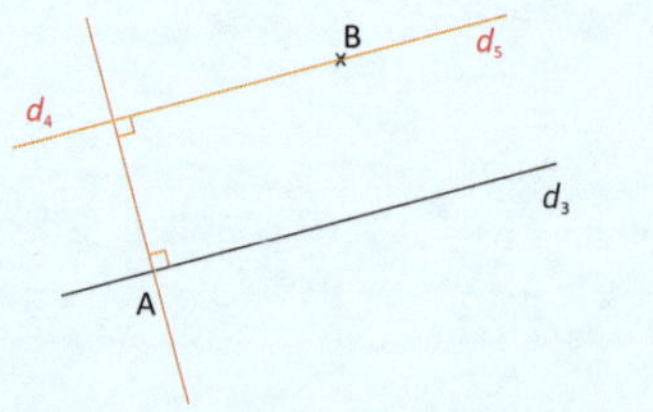

Les droites d_4 et d_5 sont perpendiculaires.

38 Identifier les polygones et les quadrilatères (p. 40)

1 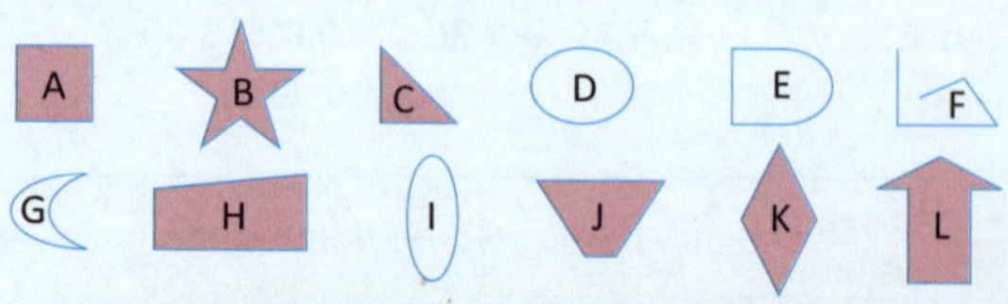

2 a.

Polygone	Nombre de côtés	Nombre de sommets
A	4	4
B	10	10
C	3	3
H	4	4
J	4	4
K	4	4
L	7	7

b. Le nombre de côtés est égal au nombre de sommets.

c. Il y a quatre quadrilatères.

3

Quadrilatère	2 côtés parallèles	2 côtés égaux	4 angles droits
H	oui	non	non
J	oui	oui	non
K	oui	oui	non

39 Connaitre les propriétés des quadrilatères particuliers (p. 41)

1

	Côtés opposés égaux	4 côtés égaux	4 angles droits	Nom de la figure
A	oui	oui	oui	carré
B	oui	non	non	parallélogramme
C	oui	non	oui	rectangle
D	oui	oui	non	losange

2

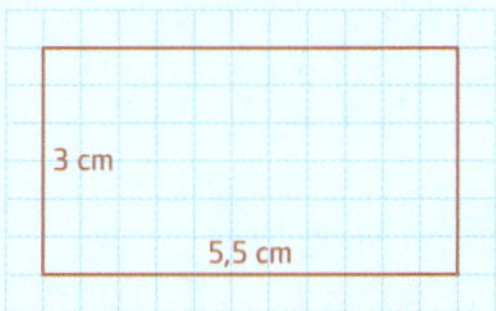

3 **a.** Losange : GHIK. **b.** Carrés : ABFJ/KFDH/JKHE
c. Rectangles : ABDE/KFGL/LGDH/ JKLI/ILHE/JFGI/IGDE

4

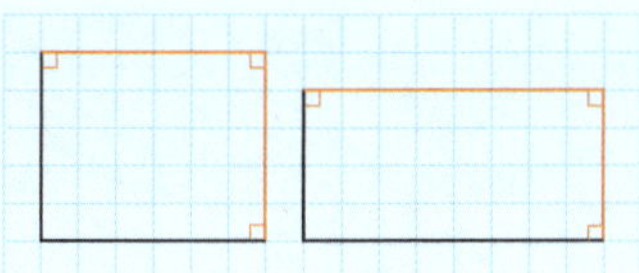

40 Identifier et tracer des triangles (p. 42)

1

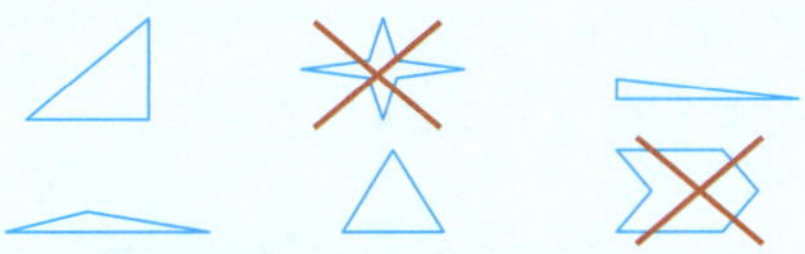

2

Triangles isocèles	E, H
Triangles rectangles	D, G, I
Triangles équilatéraux	B, F
Triangles quelconques	A, C

3

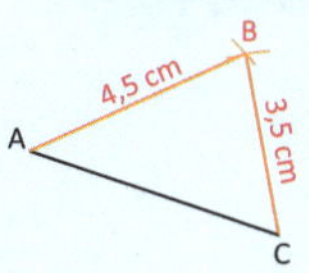

41 Tracer des cercles (p. 43)

1

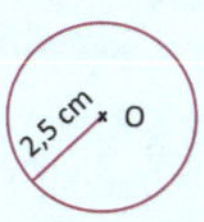

2

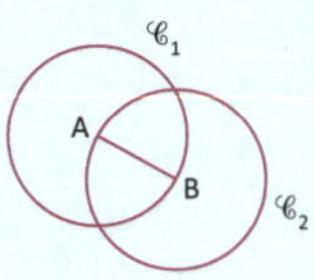

AB est le rayon de C_1.
BA est le rayon de C_2.

3

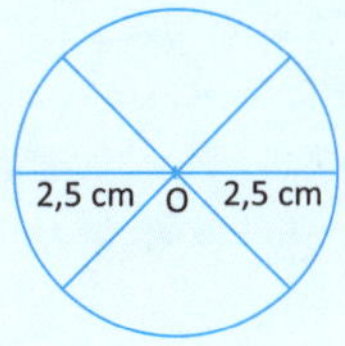

42 Tracer des figures en suivant un programme de construction (p. 44)

1

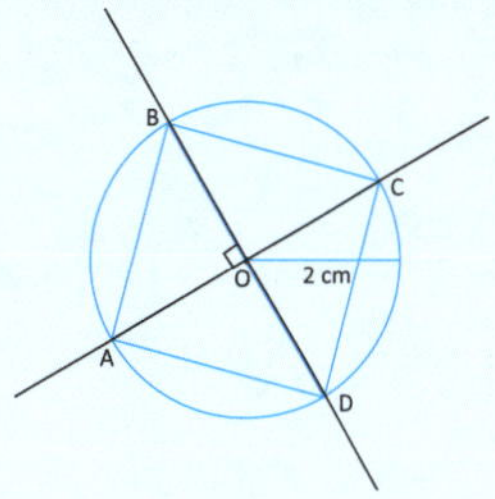

2 b → d → c → a

3

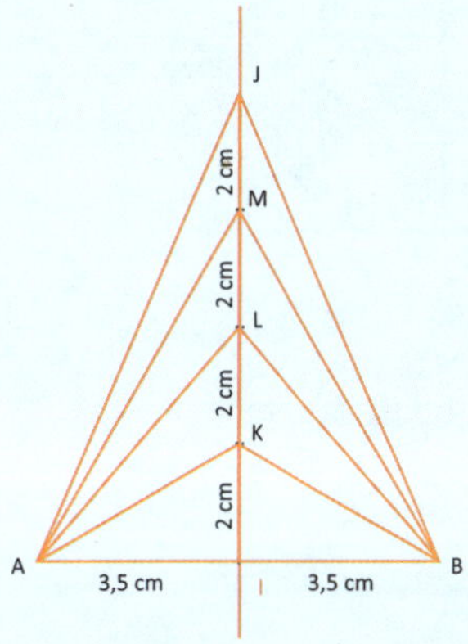

4 **a.** Trace un triangle équilatéral ABC.
b. Place le point E au milieu du segment [AB], le point F au milieu du segment [BC], et le point G au milieu du segment [AC].
c. Trace les segments [AF], [BG] et [CE]. Ils se coupent en I.
d. Trace le cercle de centre I et de rayon [AI].

43 Identifier les solides (p. 45)

1 **a.** un cône ; **b.** un cube ; **c.** un pavé droit ; **d.** une boule ; **e.** un cylindre

2

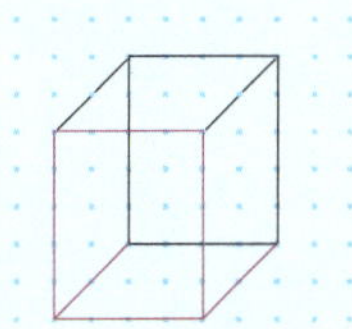

3

	Nombre de sommets	Nombre d'arêtes	Nombre de faces
A	8	12	6
B	5	8	5
C	12	18	8
D	6	9	5
E	8	12	6
F	4	6	4

44 Représenter les solides (p. 46)

❶
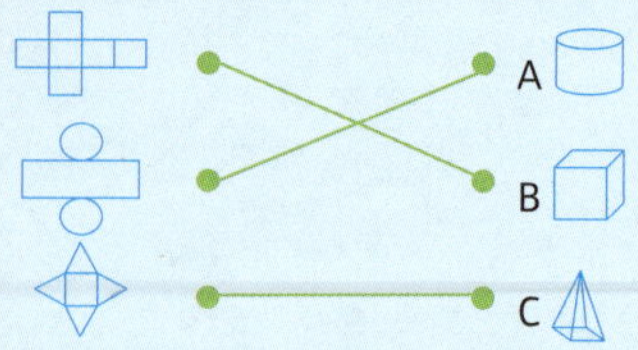

❷
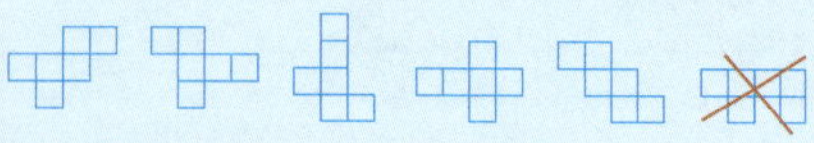

45 Agrandir et réduire des figures (p. 47)

❶
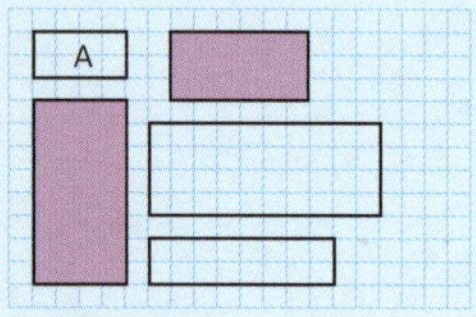

❷
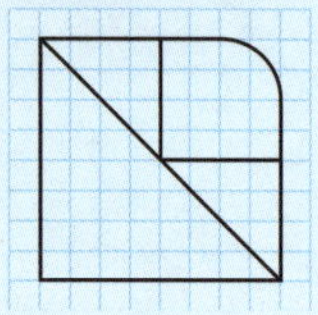

❸

GRANDEURS ET MESURES

46 Mesurer des longueurs (p. 48)

❶ a. le centimètre ; b. le mètre ; c. le millimètre ; d. le kilomètre

❷ 1 m | 10 dm | 10,01 hm
11 m | 1 001 m | 0,001 km
100 100 cm | 1 000 mm | 1,001 km
100,1 dam | 0,011 km | 11 000 mm

❸ a. 1 200 cm ; b. 0,35 dm ; c. 458 m ; d. 0,005 km ; e. 380 000 000 mm ; f. 0,004 8 hm

❹ 1 300 mm < 0, 18 dam < 340 cm < 0,017 km < 25 m

❺ a. 200 000 cm + 1 200 cm = 201 200 cm
b. 140 000 mm + 70 000 mm = 210 000 mm
c. 26,7 hm + 1,28 hm = 27,98 hm
d. 0,689 2 m + 1,2 m = 1,889 2 m

❻
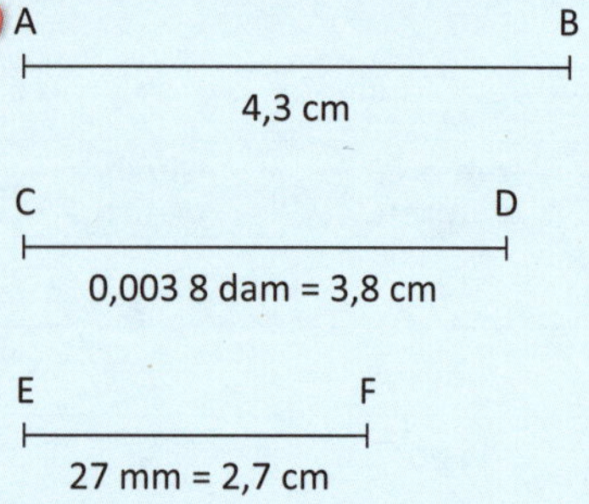

47 Calculer le périmètre des rectangles et des carrés (p. 49)

❶ a. 2 × (4,5 + 1) = 2 × 5,5 = 11 b. 1 × 4 = 4
c. 2 × (5,5 + 1) = 2 × 6,5 = 13

❷

Longueur d'un côté du carré (en cm)	2	3,5	5	**12**	**9**
Périmètre (en cm)	**8**	**14**	**20**	48	36

❸ 2 × (4,3 + 6,5) = 2 × 10,8 = 21,6
Martine devra acheter 21,6 m de frise.

❹

Longueur du rectangle (en cm)	4	3,5	8,5	5,5	**8**
Largeur du rectangle (en cm)	2	1	2,3	14,6	2
Périmètre (en cm)	**12**	**9**	**21,6**	**40,2**	20

❺ Les côtés du carré doivent mesurer **2 cm**.

❻ [19,4 – (2 × 3)] : 2 = 6,7.
La longueur d'un ticket mesure **6,7 cm**.

48 Lire l'heure (p. 50)

❶
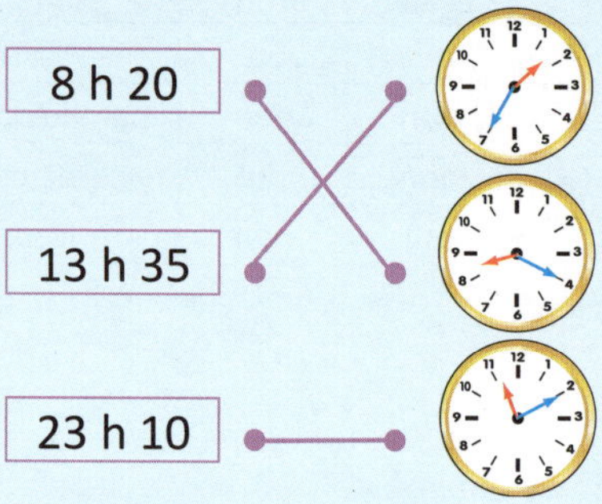

❷ 4 h 30 et 16 h 30 ; 10 h 08 et 22 h 08

❸ a. Départ : 8 h 05 ; arrivée : 11 h 28 ; b. Durée totale de la course : 11 h 28 – 8 h 05 = 3 h 23.

❹

Début du film : le 1er cadran indique 14 h 05.
Fin du film : le 2e cadran indique 15 h 38.

49 Mesurer des durées (p. 51)

❶ a. 15 minutes ; b. 30 minutes ; c. 90 minutes ; d. 165 minutes

❷ a. 2 040 s ; b. 78 min ; c. 10 020 s ; d. 12 h

❸ 13 h 35 min – 9 h 50 min = 3 h 45 min.
Le trajet a duré 3 h 45 min.

❹ a. 1 h 47 min 31 s ; b. 2 h 19 min 53 s ; c. 2 h 55 min 11 s ; d. 2 h 17 min 19 s

❺

CD 1	CD 2
Symphonie n° **1**	Symphonie n° **2**
Symphonie n° **3**	Symphonie n° **4**
Temps restant : **21 s**	Temps restant : **25 s**

50 Mesurer des masses (p. 52)

❶ a. 1 315 g ; b. 362 g

❷ a. 14 kg ; b. 5 t ; c. 1 mg ; d. 15 g

❸ a. 500 g ; b. 6,75 g ; c. 1,5 kg ; d. 10 mg ; e. 53,2 dag ; f. 40 000 cg

❹ a. **3 000** g + 64 g = **3 064** g b. **2,932** kg = **2 932** g
c. **1 450** dg + 380 dg = **1 830** dg d. **2,467** g + **345** g = **347,467** g

❺ 1,1 kg + 45 dag + 335 g + 17 dag + 17 dag + 50 g + 7 hg + 7 hg
= 1,1 kg + 0,45 kg + 0,335 kg + 0,17 kg + 0,17 kg + 0,050 kg + 0,7 kg + 0,7 kg = 3,675 kg

51 Mesurer des contenances (p. 53)

1 a. 10 dL ; b. 579 mL ; c. 1,4 cL ; d. 74,653 L ; e. 51,2 L ; f. 0,33 hL

2 a. 1,8 hL ; b. 0,015 L ; c. 64 500 cL ; d. 0,6125 daL ; e. 1 900 mL

3 1,5 × 6 = 9 litres (pour les grandes bouteilles) ;
50 cL = 0,5 L. 0,5 × 6 × 2 = 6 litres (pour les petites bouteilles) ;
9 + 6 + 12,5 = 27,5 Sébastien a donc acheté **27,5** litres d'eau.

4 a. 300 cL + 34,5 cL = 334,5 cL
b. 850 daL + 4,445 daL = 854,445 daL
c. 10 mL + 100 000 mL = 100 010 mL
d. 4 688 cL – 1 352 cL = 3 336 cL

5 1,5 L = 150 cL donc 8 × 150 = 1 200. 1 200 : 15 = 80.
Albert pourra servir 80 verres.

6 4 daL = 40 L donc 40 : 1,6 = 25
Christophe devra vider 25 fois son pichet dans l'aquarium.

52 Connaitre la notion d'aire (p. 54)

1 A < C < D < F < B < E

2 B = 12 unités d'aire ; C = 7 unités d'aire ; D = 8 unités d'aire ; E = 14 unités d'aire ; F = 11 unités d'aire

3

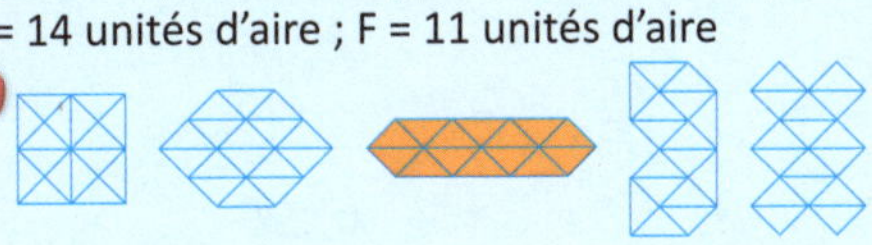

4

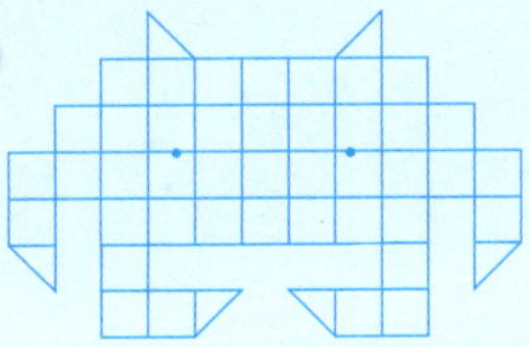

L'aire est de 45 unités d'aire.

53 Utiliser des unités d'aire (p. 55)

1

km²		hm²		dam²		m²		dm²		cm²		mm²	
							3,	5					
			2	5	5	0	0						
						3	5	8	8				
								1	1,	0	2		

2 a. 45 m² ; b. 50 mm² ; c. 7 000 m²

3 a. 28 × 15 = 420. La superficie d'un terrain de basketball est de 420 m².
b. 420 m² = 4,2 dam²

4 a. **30 000** cm² ; b. **1 020 000** m² ; c. **0,403 6** m² ; d. 800 **dm²** ; e. 0,002 6 **m²**

5 a. 8 × 8 = 64. L'aire d'un échiquier dont le côté d'une case mesure 1 cm est de 64 cm².
b. 8 × 3,5 = 28 ; 28 × 28 = 784. L'aire d'un échiquier dont le côté d'une case mesure 3,5 cm est de 784 cm².

54 Calculer et comparer des mesures d'aire (p. 56)

1 a. 8 cm² ; b. 14 cm²

2 a. 27,5 × 27,5 = 756,25 cm² ; b. 22,5 × 29,5 cm = 663,75 cm² ; c. 21,5 × 32,5 = 698,75 cm². 663,75 cm² < 698,75 cm² < 756,25 cm²

3 20,5 × 28 = 574. L'aire du cahier de mathématiques est de 574 cm².

4

km²		hm²		dam²		m²		dm²		cm²		mm²	
					2	5	3,	5	8				
							1	6	2	0	0		
			1	5	0	0	0						
	4,	5	8										

16200 cm² < 253,58 m² < 15000 m² < 4,58 km²

5 a. Aire de la partie A = 4,4 × 4,3 = 18,92
Aire de la partie B = (6,7 – 4,4) × 2,4 = 2,3 × 2,4 = 5,52
Aire totale = 18,92 + 5,52 = 24,44
Amir devra acheter 24,44 m² de moquette.
b. 24,44 × 4,49 = 109,735 6. Cet achat lui coutera 109,74 €.

55 Différencier périmètre et aire (p. 57)

1 a. **Rectangle 1 :** A = 6 × 2 = 12 P = (6 + 2) × 2 = 16
Rectangle 2 : A = (4 × 3) = 12 P = (4 + 3) × 2 = 14
b. Les rectangles ont la même aire (12 cm²), mais leurs périmètres sont différents (16 cm et 14 cm).

2

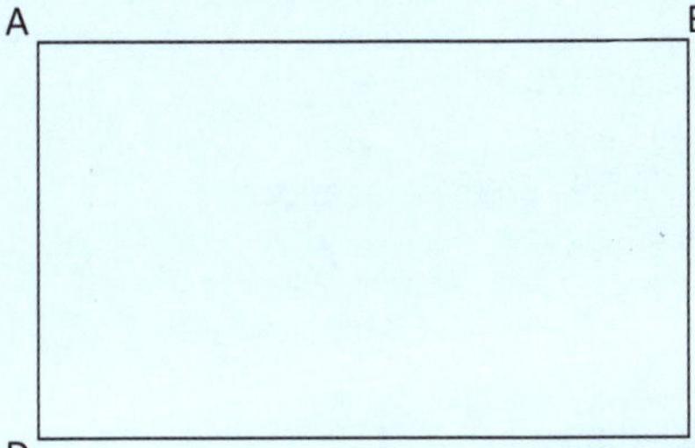

3

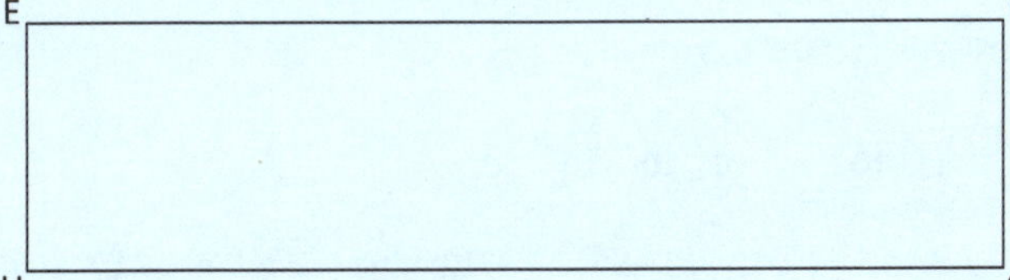

4 Périmètre : 280 m = 2 × 140 m = 2 × (48 m + 92 m).
Aire : 48 m × 92 m = **4 416 m²**.
L'aire du champ est de **4 416 m²**.

56 Reconnaitre les angles (p. 58)

1

	Angle aigu	Angle droit	Angle obtus	Angle plat
A			X	
B	X			
C			X	
D		X		
E	X			
F		X		
G	X			

2

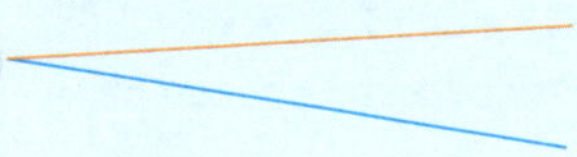

3

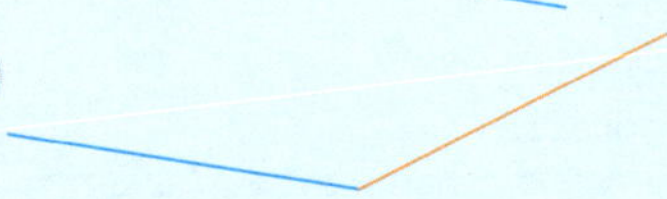

4 G < E < B < F < A < C < D

Corrigés

PROBLÈMES

1 786 − 297 + 335 = 824. Il y a 824 voyageurs.

2 1 203 + 10 531 + 3 698 = 15 432. Ils ont parcouru 15 432 km.

3 **a.** 69,80 + 15,75 = 85,55. Philippe possède 85,55 €.
b. 69,80 − 47,34 = 22,46. Guillaume possède 22,46 €.

4 **a.** 647 + 496 + 378 + 585 = 2 106.
525 + 539 + 602 + 394 = 2 060
Le candidat A a gagné l'élection avec 2 106 voix.
b. 2 106 − 2 060 = 46. Il y a 46 voix d'écart entre les deux candidats.

5 **a.** 81 × 22 = 1 782. M. Tarcha va récolter 1 782 kg d'olives.
b. 1 782 : 5 = 356,4. Il produira 356,4 L d'huile d'olive.

6 (14 × 13,5) × 7 = 189 × 7 = 1 323.
En sept jours, 1 323 tonnes de sable sont transportées.

7 337,5 : 27 = 12,5. Un billet coute 12,50 €.

8 25,8 : 6 = 4,3. Avec la formule 1, le numéro coute 4,30 €.
45,6 : 12 = 3,8. Avec la formule 2, le numéro coute 3,80 €.
82,8 : 24 = 3,45. Avec la formule 3, le numéro coute 3,45 € .

9 659 × 93 = 61 287. Cet investissement coute 61 287 €.

10 84 − 52 = 32. 32 personnes ont pris la formule à 14,30 €.
(52 × 12,8) + (32 × 14,3) = 665,6 + 457,6 = 1 123,2
La recette totale s'élève à 1 123,20 €.

11 18 × (49 − 2) = 18 × 47 = 846.
846 personnes ont assisté à la première séance.
(18 × 49) × 4 = 882 × 4 = 3 528.
3 528 personnes ont assisté aux 4 séances suivantes.
846 + 3528 = 4 374. 4 374 spectateurs ont assisté aux projections.

12 (1,6 − 0,75) × 1 000 = 0,85 × 1 000 = 850.
L'école gagnerait 850 €.

13 Orange : $\frac{3}{10}$ = **0,3** L ; pamplemousse : $\frac{4}{10}$ = **0,4** L ;
fraise : $\frac{2}{10}$ = **0,2** L ; grenadine : $\frac{1}{10}$ = **0,1** L.

14 $\frac{1}{2} = \frac{5}{10}$; $\frac{4}{5} = \frac{8}{10}$; $\frac{3}{10} < \frac{5}{10} < \frac{8}{10}$
C'est Isabelle.

15 **a.** 40,5 : 3 = 13,5. 13,5 × 2 = 27. 2 entrées coutent 27 €.
b. 13,5 × 5 = 67,5. 5 entrées coutent 67,50 €.

16 **a.** 6 × 15 = 90. En 15 minutes, l'escargot parcourt 90 cm.
b. 33 : 6 = 5,5. L'escargot parcourt 33 cm en 5 minutes et 30 secondes.

17 1 min 24 s + 1 min 21 s = 2 min 45 s
4 h 53 min 13 s + 2 min 45 s = 4 h 55 min 58 s
Le troisième a parcouru l'étape en 4 h 55 min 58 s.

18 24 × 3 = 72 48,5 × 72 = 3 492 cL = 34,92 L
En 3 jours, il s'écoule 34,92 L.

19 19 h 30 min + 55 min + 25 min + 63 min
= 19 h 30 min + 143 min
= 19 h 30 min + 2 h 23 min
= 21 h 53 min
La fin de la représentation aura lieu à 21 h 53.

20 13 680 × 70 = 957 600. Marc a parcouru 957 600 cm, soit 9,576 km.

21 **a.** 31 × 19 = 589. Il doit acheter 589 pavés.
b. 589 × 135 = 79 515.
Le poids total des pavés est 79 515 g, soit 79,515 kg.

22 18 × 12 = 216. Il faut 216 dm^2 soit 2,16 m^2 pour emballer 18 livres.

23 **a.** (127 + 59) × 2 = 186 × 2 = 372.
Il aura besoin de 372 m de grillage.
b. 127 × 59 = 7 493. La superficie du champ est de 7 493 m^2.

BILANS

Nombres p. 63

1 **a.** 3 402 600
(3 × 1 000 000) + (4 × 100 000) + (2 × 1 000) + (6 × 100)
b. 10 370 007
(1 × 10 000 000) + (3 × 100 000) + (7 × 10 000) + 7

2 **a.** Mercure est la plus proche, Uranus la plus éloignée.
b. 58 000 000 < 108 000 000 < 149 600 000 < 228 000 000 < 1 427 000 000 < 2 870 000 000
c. 110 000 000 > **108 000 000** > 59 000 000

3 **a.** $\frac{11}{8} = \frac{8}{8} + \frac{3}{8} = 1 + \frac{3}{8}$ **b.** $\frac{8}{5} = \frac{5}{5} + \frac{3}{5} = 1 + \frac{3}{5}$

4 **a.**

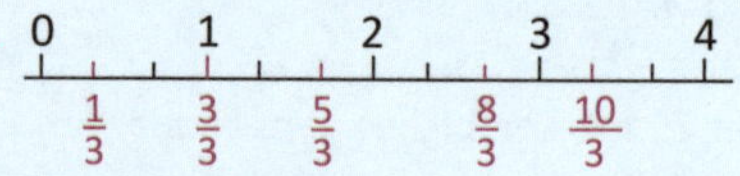

b. $\frac{10}{3} > \frac{8}{3} > \frac{5}{3} > \frac{3}{3} > \frac{1}{3}$

5

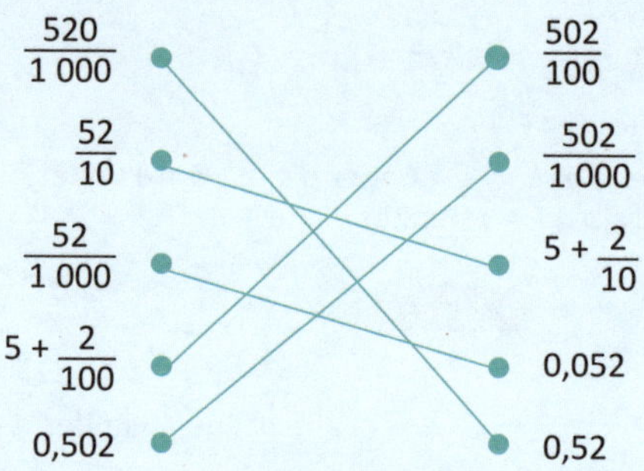

6 **a.** 2,724 < 2,742 ; **b.** 2,608 < 2,68 ; **c.** 2,777 > 2,72 ;
d. 1,9 < 2,3 ; **e.** 2,6 > 1,9

Calculs p. 64

1 **a.**

```
  2 1 1
 1 0 3 8 9
+    7 0 2
+  2 9 5 1
 1 4 0 4 2
```

```
 1 3 0 7 5
−  2 8 3 9
 1 0 2 3 6
```

```
        4 0 9 7
      ×   6 0 3
      1 2 2 9 1
+ 2 4 5 8 2 0 0
  2 4 7 0 4 9 1
```

b. 9 031 + 6 167 = **15 198** 4 245 − 814 = **3 431**
651 × 7 = **4 557** **2 512** + 234 = 2 746

2 **a.** 438 est un multiple de **2**, de **3** et de **6**.
b. **21**, **24** ou **27** sont divisibles par 3.
c. 28**0** ou 28**5** est un multiple de 5.
d. 363 est un multiple de **3**.
e. 93**0**, 93**2**, 93**4**, 93**6** ou 93**8** sont divisibles par 2.

3 **a.** 719 : 6 = **119** et il reste **5**

```
 7 1 9 | 6
−6     |-----
 1 1   | 1 1 9
−0 6
   5 9
 − 5 4
     5
```

b. 9 768 : 39 = **250** et il reste **18**

```
 9768 | 39
 -78  |-----
 ---- | 250
  196 |
 -195 |
 ---- |
 0018 |
```

4 a. (7 × 1) + (12 × 2) + (3 × 6) = 7 + 24 + 18 = 49
La capacité d'accueil de cette auberge de jeunesse est de 49 places.
b. 4 592 : 28 = 164. Le prix pour chaque enfant sera de 164 €.

5 a.

```
    1 1 1 1
    1 4 5, 7 0 0
 +      0, 9 7 8
 + 1 2 9 6, 1 9 0
 ----------------
   1 4 4 2, 8 6 8
```

```
    3 5 4, 3 2 0
      1     1 1
 -  1 9 3, 1 8 9
   +1    +1 +1
 ---------------
    1 6 1, 1 3 1
```

```
       5 4, 3 2
 ×         7 8
 -------------
     4 3 4 5 6
 +   3 8 0 2 4 0
 -------------
     4 2 36, 9 6
```

b. 37,36 ; 13 475 ; 15 900 ; 2 410,7

6 a. 35,5 ; **b.** 157,8 ; **c.** 7,3 ; **d.** 3,1 ; **e.** 9,2

7 a. 3 × 7 = 21. Albert travaille 21 heures en une semaine.
b. 21 × 5 = 105. Il travaille 105 heures en cinq semaines.

8

	Valeur approchée	Résultat exact
794 × 87	70 000	69 078
3 904 + 7 845	12 000	11 749
7 843 – 2 921	5 000	4 922
216 : 12	20	18
1 946 × 61	120 000	118 706

Espace et géométrie p. 66

1 a. vrai ; **b.** vrai ; **c.** faux ; **d.** vrai ; **e.** faux

2

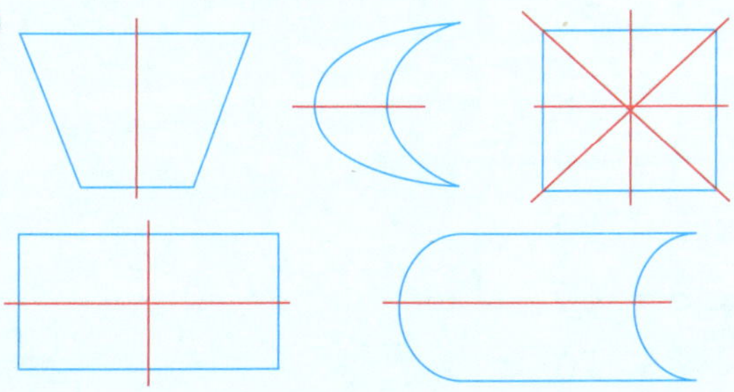

3

	Carré	Rectangle	Losange
Nom	**Carré**	**Rectangle**	**Losange**
Nombre de côtés	**4**	**4**	**4**
Les 4 côtés sont-ils de même longueur ?	**Oui**	**Non**	**Oui**
Les côtés opposés sont-ils parallèles ?	**Oui**	**Oui**	**Oui**
Combien la figure a-t-elle d'angles droits ?	**4**	**4**	**0**

4

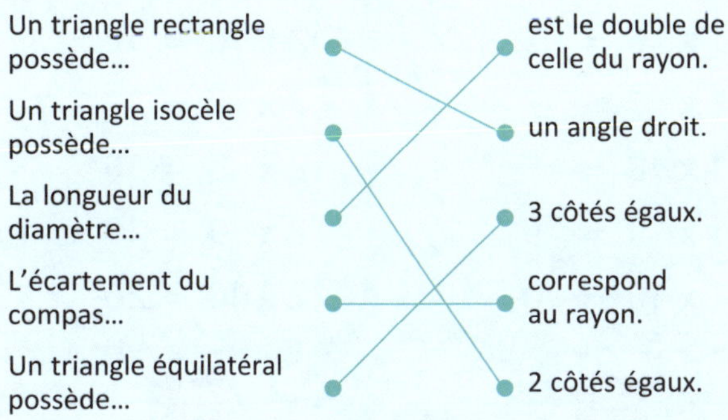

5 a. 12 ; **b.** 8 ; **c.** Oui ; **d.** Non ; **e.** 8

6 a. La figure C ; **b.** Échelle 2 ; **c.** Échelle $\frac{1}{4}$

Grandeurs et mesures p. 68

1 a. 123 400 + 89 000 + 139 700 + **118 600** = 470 700 m.
La distance de la quatrième étape est de 118 600 m, soit 118,6 km.
b. 29 × 4 = 116. Il consommera 116 dL d'eau, soit 11,6 L.
c. 7 300 × 7 = 51 100. Le poids total de ce chargement est de 51 100 g, soit 51,1 kg.

2 a. 217 s = 3 min 37 s
b. 6 min 29 s = 389 s
c. 345 s = 5 min 45 s
d. 48 min 27 s + 35 min 59 s = 1 h 24 min 26 s
e. 1 h 54 min 45 s – 23 min 37 s = 1 h 31 min 8 s

3

Dimensions du rectangle		Périmètre	Aire
Longueur	Largeur		
10,3 cm	3,5 cm	27,6 cm	36,05 cm²
8 cm	4,5 cm	25 cm	36 cm²
6 m	2 m	16 m	12 m²

4 Angles obtus : **C**, **E** ; angles aigus : **A**, **D** ; angle droit : **B**

Tables de multiplication

1

1 x 1 = 1
1 x 2 = 2
1 x 3 = 3
1 x 4 = 4
1 x 5 = 5
1 x 6 = 6
1 x 7 = 7
1 x 8 = 8
1 x 9 = 9
1 x 10 = 10

2

2 x 1 = 2
2 x 2 = 4
2 x 3 = 6
2 x 4 = 8
2 x 5 = 10
2 x 6 = 12
2 x 7 = 14
2 x 8 = 16
2 x 9 = 18
2 x 10 = 20

3

3 x 1 = 3
3 x 2 = 6
3 x 3 = 9
3 x 4 = 12
3 x 5 = 15
3 x 6 = 18
3 x 7 = 21
3 x 8 = 24
3 x 9 = 27
3 x 10 = 30

4

4 x 1 = 4
4 x 2 = 8
4 x 3 = 12
4 x 4 = 16
4 x 5 = 20
4 x 6 = 24
4 x 7 = 28
4 x 8 = 32
4 x 9 = 36
4 x 10 = 40

5

5 x 1 = 5
5 x 2 = 10
5 x 3 = 15
5 x 4 = 20
5 x 5 = 25
5 x 6 = 30
5 x 7 = 35
5 x 8 = 40
5 x 9 = 45
5 x 10 = 50

6

6 x 1 = 6
6 x 2 = 12
6 x 3 = 18
6 x 4 = 24
6 x 5 = 30
6 x 6 = 36
6 x 7 = 42
6 x 8 = 48
6 x 9 = 54
6 x 10 = 60

7

7 x 1 = 7
7 x 2 = 14
7 x 3 = 21
7 x 4 = 28
7 x 5 = 35
7 x 6 = 42
7 x 7 = 49
7 x 8 = 56
7 x 9 = 63
7 x 10 = 70

8

8 x 1 = 8
8 x 2 = 16
8 x 3 = 24
8 x 4 = 32
8 x 5 = 40
8 x 6 = 48
8 x 7 = 56
8 x 8 = 64
8 x 9 = 72
8 x 10 = 80

9

9 x 1 = 9
9 x 2 = 18
9 x 3 = 27
9 x 4 = 36
9 x 5 = 45
9 x 6 = 54
9 x 7 = 63
9 x 8 = 72
9 x 9 = 81
9 x 10 = 90

10

10 x 1 = 10
10 x 2 = 20
10 x 3 = 30
10 x 4 = 40
10 x 5 = 50
10 x 6 = 60
10 x 7 = 70
10 x 8 = 80
10 x 9 = 90
10 x 10 = 100

Conception maquette intérieure : Véronique Lefebvre - Conception couverture : Véronique Lefebvre, Olivier Caldéron
Coordination graphique : Kati Fleury - Composition : Linéale

33 Calculer mentalement

Je retiens

- **Ajouter ou soustraire 9, 19, 29,... à un nombre**

– Pour ajouter 9, 19, 29,... à un nombre, il suffit d'ajouter 10, 20, 30, ... et d'enlever 1.

54 + **9** = 54 + **10 – 1** = 64 – 1 = 63

37 + **19** = 37 + **20 – 1** = 57 – 1 = 56

– Pour soustraire 9, 19, 29,... à un nombre, il suffit d'enlever 10, 20, 30, ... et d'ajouter 1.

73 – **9** = 73 – **10 + 1** = 63 + 1 = 64

148 – **19** = 148 – **20 + 1** = 128 + 1 = 129

- **Moitié, tiers, quart...**

– La moitié d'un nombre est obtenue en divisant ce nombre par 2.

La **moitié** de 50 est 25 ; 50 : 2 = 25.

– Le tiers d'un nombre est obtenu en divisant ce nombre par 3.

Le **tiers** de 180 est 60 ; 180 : 3 = 60.

– Le quart d'un nombre est obtenu en divisant ce nombre par 4.

Le **quart** de 100 est 25 ; 100 : 4 = 25.

Je m'entraine

1 Complète les égalités.

a. 28 + ... = 100
b. 64 + ... = 100
c. 43 + ... = 100
d. 470 + ... = 1 000
e. 860 + ... = 1 000

2 Calcule sans poser l'opération.

a. 100 – 5 = ...
b. 400 – 50 = ...
c. 2 000 – 7 = ...
d. 100 – 25 = ...
e. 300 – 85 = ...

3 Calcule sans poser l'opération.

a. 44 + 9 = ...
b. 56 – 9 = ...
c. 118 + 19 = ...
d. 87 – 11 = ...
e. 147 + 21 = ...

J'approfondis

4 Calcule le tiers des nombres ci-dessous.

300 – 33 – 18 – 270 – 90 – 21

....

....

5 Calcule sans poser l'opération.

a. 46,3 × 10 = ...
b. 0,75 × 10 = ...
c. 1,325 × 100 = ...
d. 8,04 × 1 000 = ...
e. 2,475 × 100 = ...

6 Calcule sans poser l'opération.

a. 14,8 : 10 = ...
b. 7,35 : 10 = ...
c. 206,9 : 100 = ...
d. 33,16 : 1 000 = ...
e. 0,75 : 10 = ...

INFOS PARENTS Le calcul mental peut se travailler dans beaucoup de situations de la vie quotidienne. Profitez-en pour que votre enfant s'entraine régulièrement en préparant un gâteau ou en faisant les courses par exemple.

34 Connaitre le vocabulaire et les instruments de la géométrie

Je retiens

- Une **droite** est un ensemble infini de points alignés. On représente un **point** par une croix.

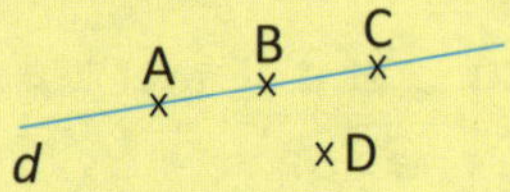

Les points A, B et C sont alignés. Ils appartiennent à la droite *d*.

- Un **segment** est une partie d'une droite limitée par deux points.

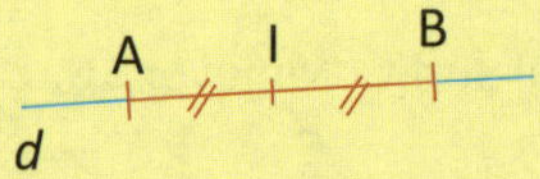

La longueur du segment [AB] est de 2 cm. I est le milieu de [AB].

- **Droites sécantes** : ce sont deux droites qui se coupent en un point appelé **point d'intersection.**

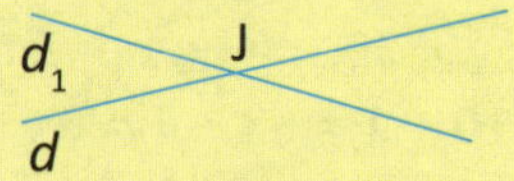

d et d_1 sont sécantes. J est le point d'intersection.

- Les instruments utilisés en géométrie servent à :
  – **tracer** des figures : le crayon à papier, la règle, le compas, l'équerre ;
  – **mesurer** : la règle graduée ;
  – **vérifier** des tracés : le gabarit, le compas, l'équerre ;
  – **reporter des longueurs** : le compas.

Je m'entraine

1 **Observe la figure et complète le texte avec les mots ci-dessous :** alignés – segment – milieu – sécantes – intersection.

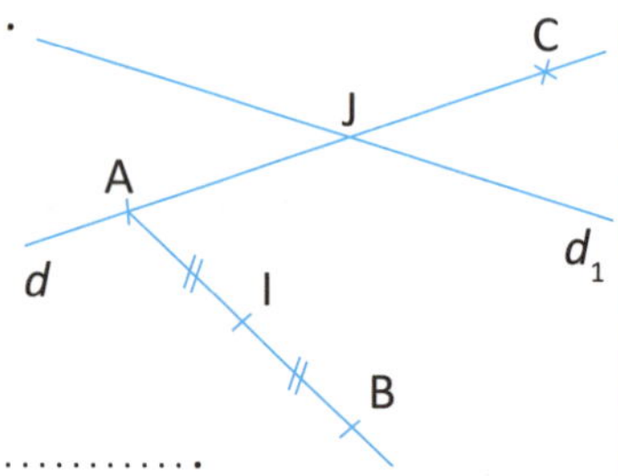

[AB] est un ....

Les droites d et d_1 sont ....

I est le .... de [AB].

J est le point .... des droites d et d_1.

A, J et C sont ....

2 **Trace le segment [CD] mesurant 5 cm. Place le point I au milieu de [CD].**

J'approfondis

3 **Quels sont les segments qui ont la même longueur que le segment [AB] ? Utilise ton compas pour comparer la longueur des segments.**

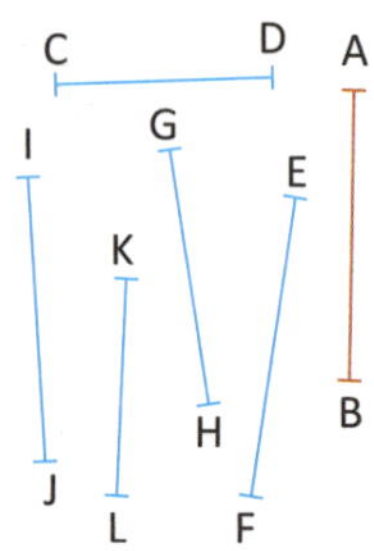

....

....

....

4 **Quel(s) instrument(s) vas-tu utiliser pour tracer ces figures ?**

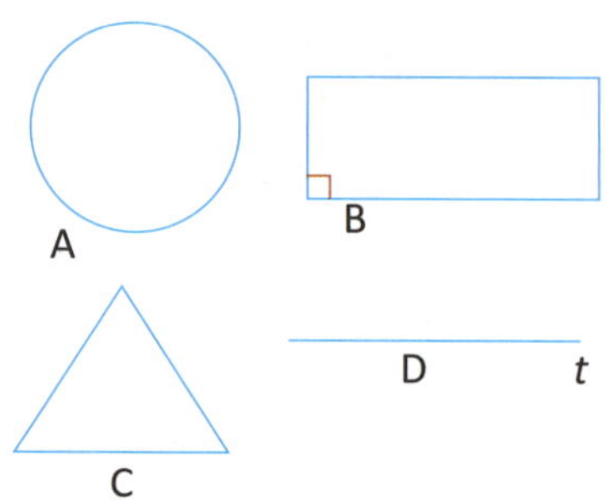

A : ....
....
B : ....
....
C : ....
....
D : ....
....

As-tu réussi ?

INFOS PARENTS
~ En géométrie, le vocabulaire et les tracés doivent être très précis.
~ Le matériel doit être en bon état d'utilisation (crayon à papier toujours bien taillé, compas fonctionnel, règle graduée, etc.).

35 Se repérer dans l'espace

Je retiens

- Le **plan** et la carte sont des **représentations planes d'un espace** que l'on a dessinées en respectant des proportions ou une échelle.
- La **rose des vents** indique les quatre points cardinaux. Lorsqu'il n'y a pas de rose des vents, le nord de la carte est généralement en haut et le sud en bas.
- Les plans et les cartes peuvent être quadrillés. Le **quadrillage** permet de repérer la position d'un point grâce à ses **coordonnées.** Ex. : (A,5) ou (D,3).

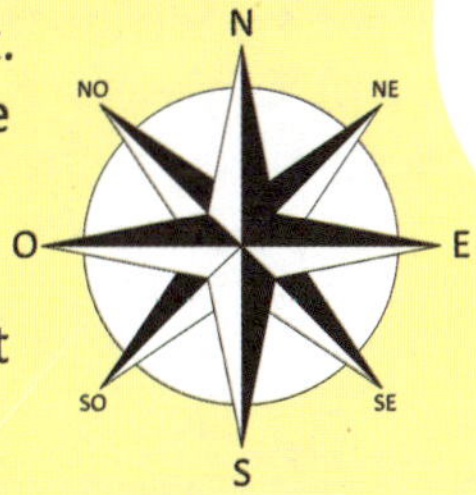

Je m'entraine

1 Voici une carte au trésor.

a. Dessine le parcours pour atteindre le point d'arrivée.

L'aventure débute à la case (E,2) ; dessine un point au centre de cette case. Dessine ensuite le chemin à suivre sur la carte (chaque carré correspond à 50 m).

Voici le parcours :
– marcher 150 m vers le Nord,
– puis 250 m vers l'Est,
– 50 m vers le Sud,
– enfin 100 m vers l'Est.

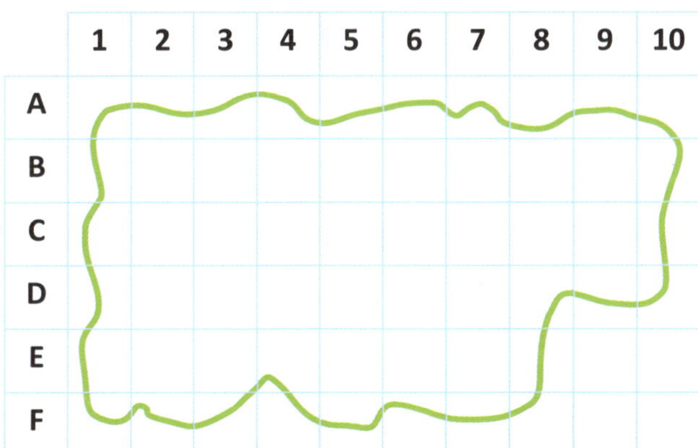

Quelle seront les coordonnées du trésor ? ....

b. Indique les coordonnées de toutes les cases par lesquelles il faut passer.

....

....

J'approfondis

2 Voici un plan de quartier.

a. Trace en bleu sur ce plan le chemin le plus court pour aller de la maison de Paul à son école.

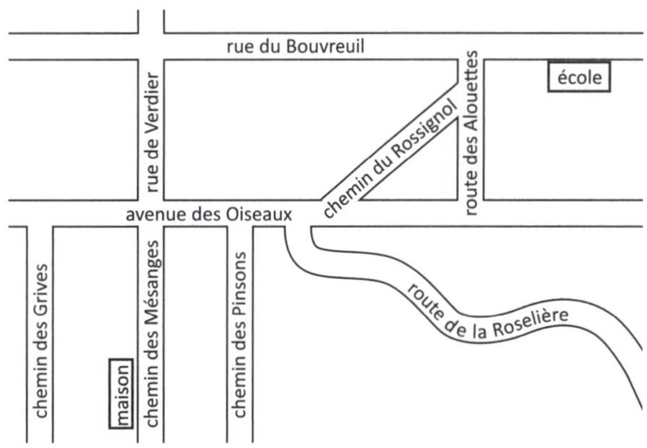

b. Indique la feuille de route à suivre pour effectuer ce parcours.

– Prendre le chemin ....

Tourner à ....

et prendre ....

....

....

– ....

....

....

– ....

....

....

INFOS PARENTS – Vous pouvez proposer à votre enfant de consulter des plans de villes ou de pays (carte « papier » ou sur internet) lorsque vous vous déplacez ou simplement par curiosité.

36 Tracer des symétries axiales

Je retiens

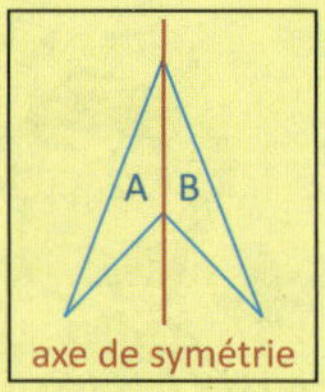

- Les parties A et B de cette figure se superposent **exactement** si on les replie l'une sur l'autre selon un axe précis : **elles sont donc symétriques**.
Le pli correspond à l'**axe de symétrie**.
- Certaines figures peuvent avoir **plusieurs axes de symétrie**.

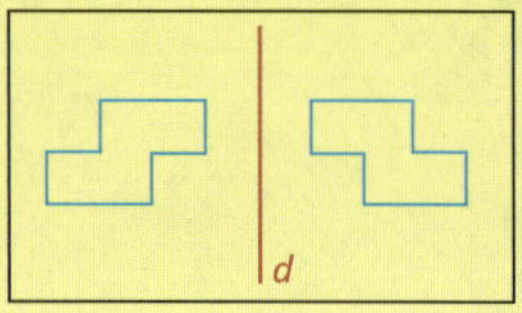

Ces deux figures sont symétriques, elles sont superposables par pliage. L'axe de symétrie correspond à la droite *d*.

Je m'entraine

1 **Des axes de symétrie ont été tracés, mais tous ne sont pas corrects. Barre les faux axes de symétrie.**

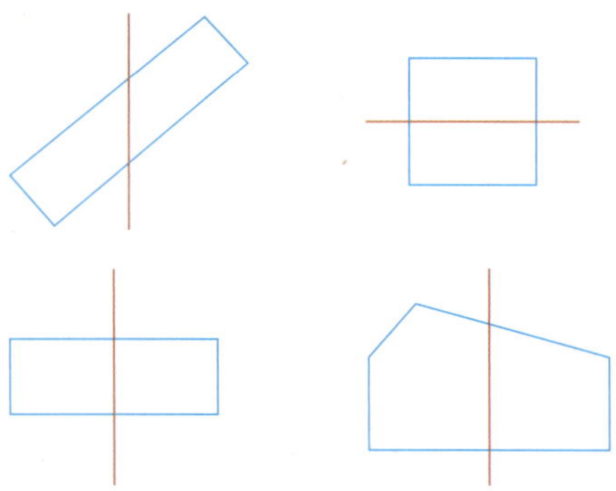

2 **Trace en rouge le ou les axes de symétrie de ces figures.**

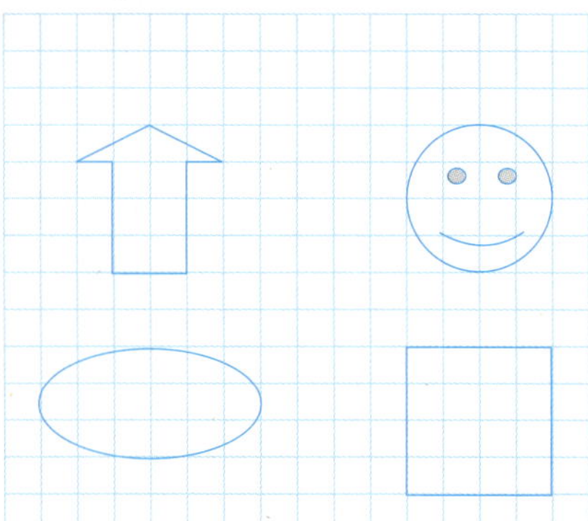

J'approfondis

3 **Trace le symétrique de cette figure par rapport à l'axe donné.**

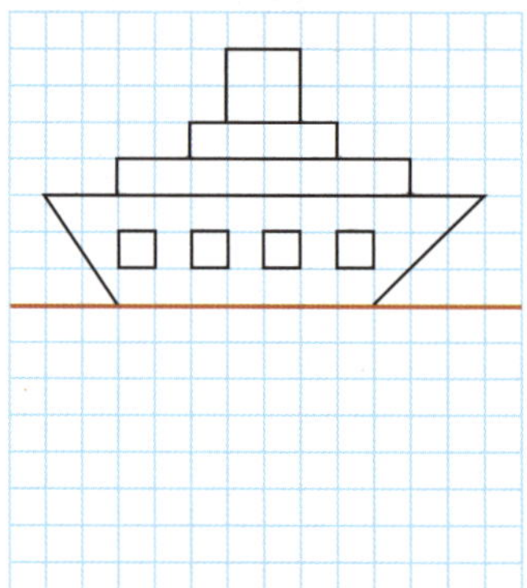

4 **Complète la figure en construisant ses symétriques par rapport aux axes donnés.**

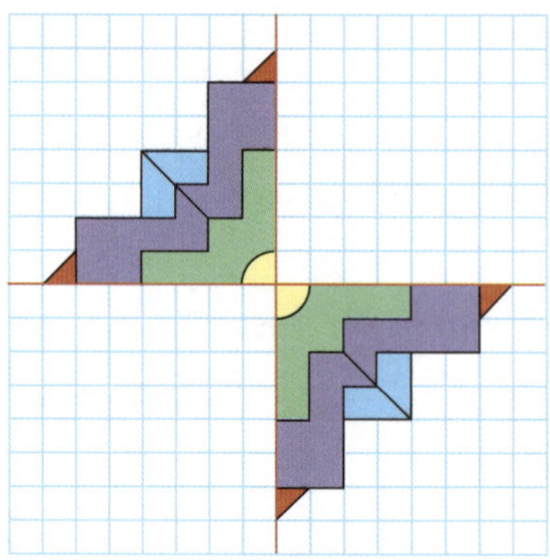

As-tu réussi ? ☐ ☐ ☐

INFOS PARENTS
- La construction du symétrique d'un point ou d'une figure sans quadrillage relève du collège.
- Les exercices de construction autour d'une symétrie axiale rencontrés au cycle 3 s'effectuent principalement sur papier quadrillé.

37 Tracer des droites parallèles et perpendiculaires

ESPACE ET GÉOMÉTRIE

Je retiens

- Deux droites **perpendiculaires** forment **un angle droit** à leur intersection.
- Deux droites **parallèles ne se rencontrent jamais**, car la distance qui les sépare est toujours identique. Tracer une droite parallèle à une autre et passant par un point donné s'effectue en trois étapes :

1. Aligner l'équerre sur la droite.

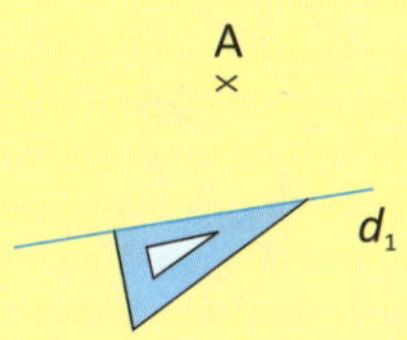

2. Placer la règle sur l'angle droit de l'équerre.

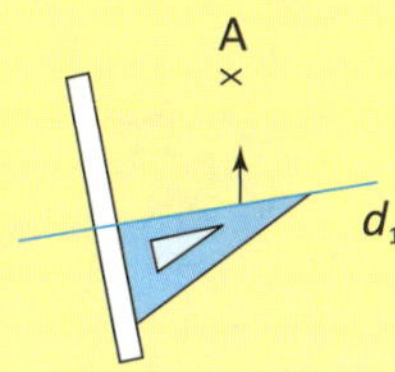

3. Faire glisser l'équerre jusqu'au point donné et tracer la droite parallèle.

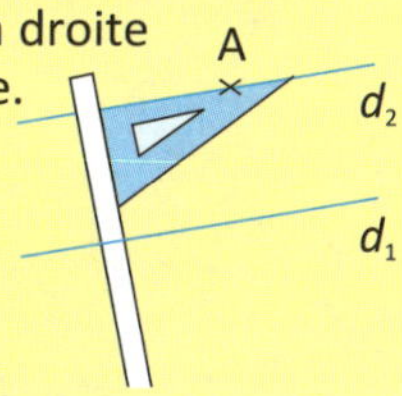

Je m'entraine

1 **Signale les angles droits dans cette figure par un petit carré rouge, comme sur l'exemple.**

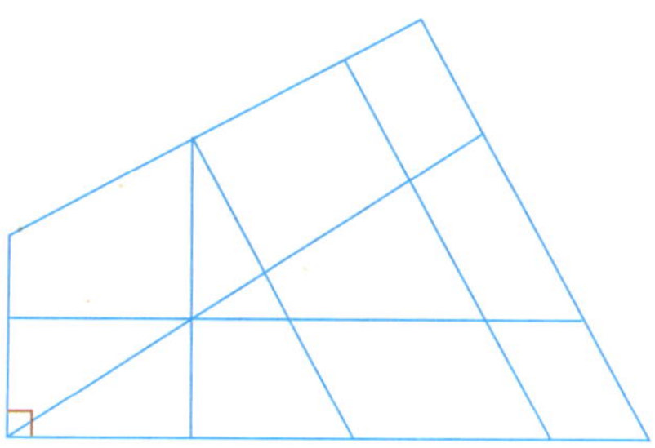

2 **Surligne en rouge la droite parallèle à *d*, surligne en bleu les droites parallèles à *f*.**

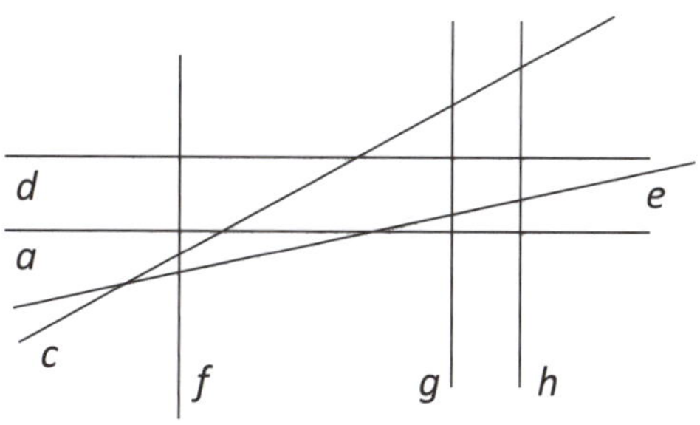

J'approfondis

3 **Trace la droite *d* parallèle à d_2 passant par le point B.**

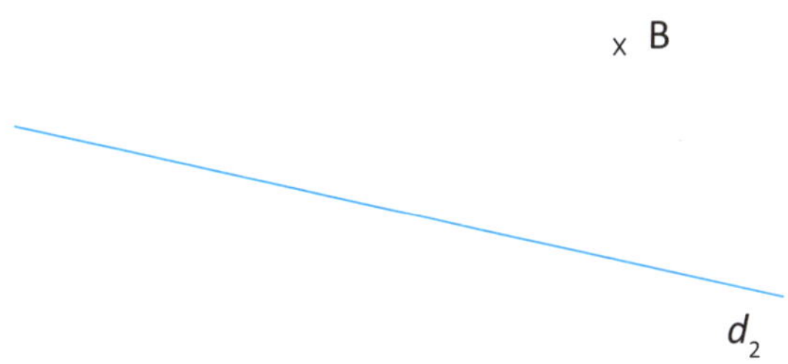

4 **Trace la droite d_4 perpendiculaire à d_3 passant par A. Trace d_5, parallèle à d_3 passant par B.**

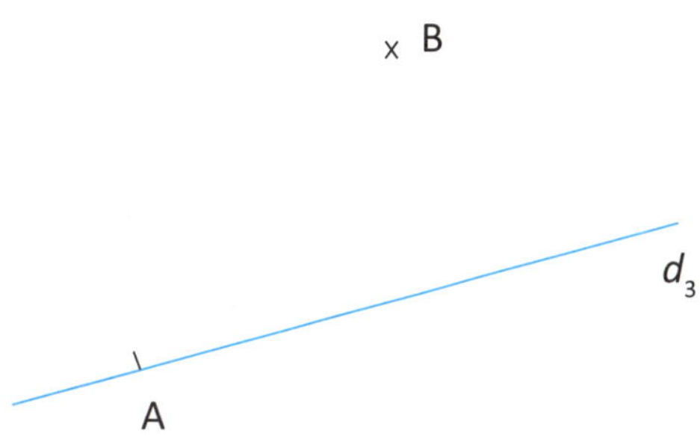

Observe les droites d_4 et d_5. Que constates-tu ?

....

INFOS PARENTS
- Pour constater la perpendicularité de deux droites, votre enfant ne doit pas se contenter d'approximations visuelles ; il doit toujours vérifier avec l'équerre.
- Les symboles // et ⊥ seront utilisés à partir du collège.

38 Identifier les polygones et les quadrilatères

ESPACE ET GÉOMÉTRIE

Je retiens

- Un **polygone** est une figure géométrique formée par une **ligne brisée fermée.**

  La figure ABCDE est un polygone à 5 côtés.

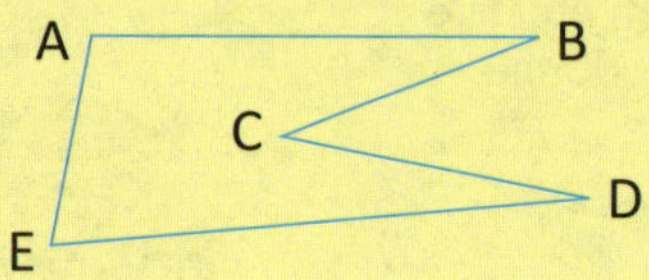

- Un **quadrilatère** est un polygone ne comportant que **4 côtés.**

  La figure FGHI est un quadrilatère.

Je m'entraine

1 **Parmi les figures suivantes, colorie les polygones.**

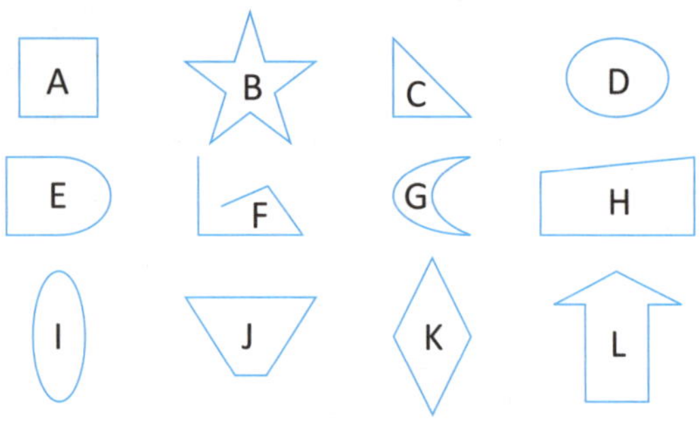

2 a. **Complète le tableau en te référant aux polygones de l'exercice 1.**

Polygone	Nombre de côtés	Nombre de sommets
A	....	....
....	....	....
....	....	....
....	....	....
....	....	....
....	....	....
....	....	....

b. **Que constates-tu ?** ....

c. **Combien de quadrilatères dénombres-tu ?**

....

J'approfondis

3 **Complète le tableau en te référant aux quadrilatères de l'exercice 1.**

Quadrilatère	2 côtés parallèles	2 côtés égaux	4 angles droits
A	oui	oui	oui
....	....	....	....
....	....	....	....
....	....	....	....

4 **Reproduis les polygones.**

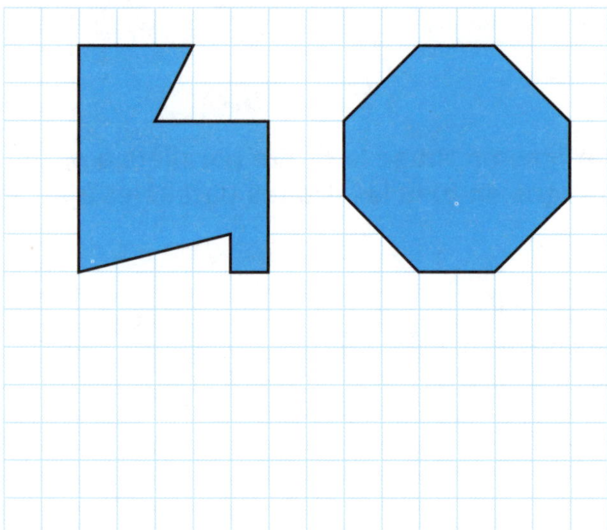

As-tu réussi ?

INFOS PARENTS – Les polygones majoritairement étudiés en classe de CM2 sont les triangles et quadrilatères particuliers (carrés, rectangles, losanges). Votre enfant rencontrera cependant d'autres polygones : pentagones, hexagones, etc.

39 Connaitre les propriétés des quadrilatères particuliers

Je retiens

- Un **rectangle** est un quadrilatère dont les **4 angles sont des angles droits**. Ses côtés opposés sont parallèles et égaux.

- Un **carré** est un rectangle particulier : **ses 4 côtés sont égaux**.

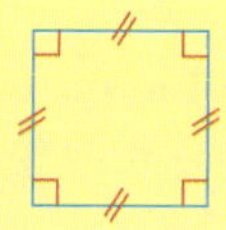

- Un **losange** est un quadrilatère dont les **4 côtés sont égaux**. Ses 4 angles ne sont pas des angles droits.

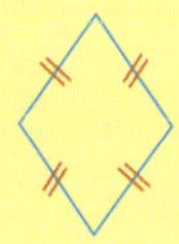

- Un **parallélogramme** est un quadrilatère dont les **côtés opposés sont parallèles deux à deux** ; ses côtés opposés sont toujours égaux.

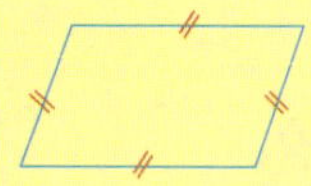

Je m'entraine

1 Complète le tableau, en fonction des figures.

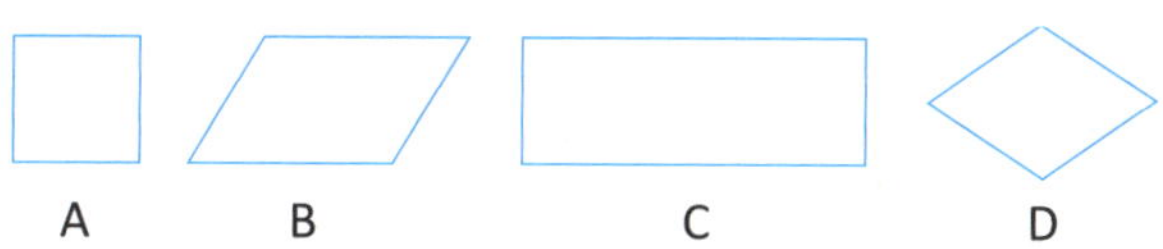

	Côtés opposés égaux	4 côtés égaux	4 angles droits	Nom de la figure
A	oui	....	....	....
B	....	....	....	....
C	....	....	....	....
D	....	....	....	....

2 Construis un rectangle ABCD ayant pour longueur 5,5 cm et pour largeur 3 cm.

J'approfondis

3 Observe la figure et réponds aux questions.

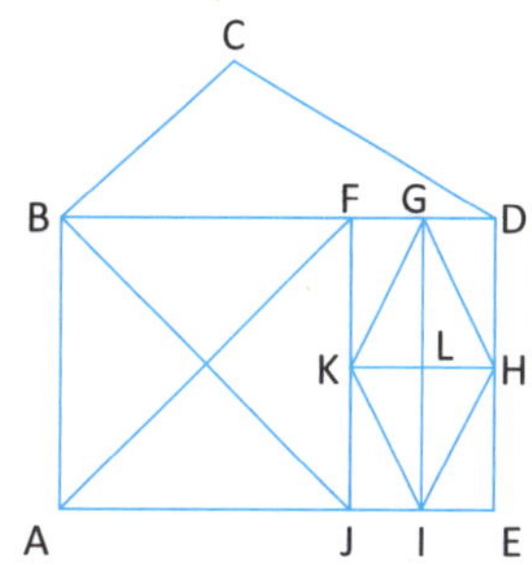

a. Nomme un losange : ....

b. Nomme 3 carrés : .... / .... / ....

c. Nomme 6 rectangles : .... / .... / .... / .... / .... / ....

4 Achève la construction de ces rectangles en utilisant la règle et l'équerre.

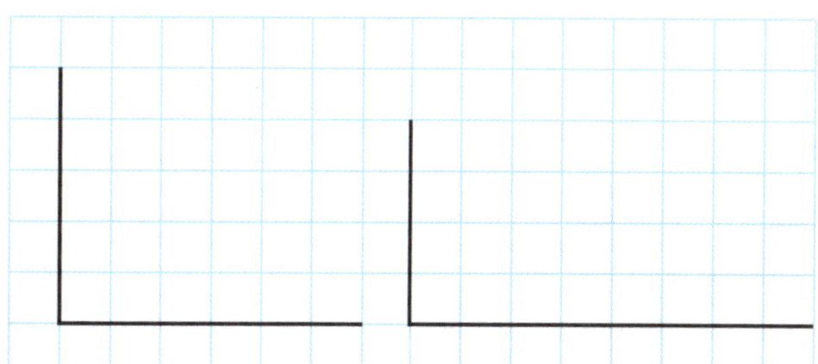

INFOS PARENTS

– Les connaissances relatives aux diagonales des quadrilatères ne sont pas exigées à l'école primaire.

– Les propriétés des autres quadrilatères (trapèze...) seront étudiées au collège. Ces figures peuvent cependant être rencontrées dès le cycle 3.

40 Identifier et tracer des triangles

ESPACE ET GÉOMÉTRIE

Je retiens

- Un triangle **rectangle** possède **un angle droit**.

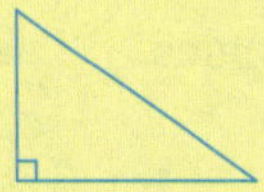

- Un triangle **isocèle** possède **2 côtés de même longueur.**

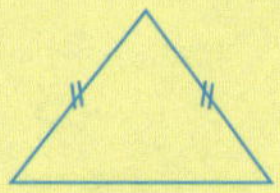

- Un triangle **équilatéral** possède **3 côtés de même longueur**.

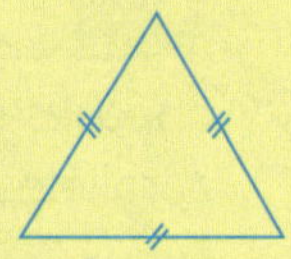

- On appelle « triangle **quelconque** » tout triangle qui n'est ni rectangle, ni isocèle, ni équilatéral.

Je m'entraine

1 Barre les figures qui ne sont pas des triangles.

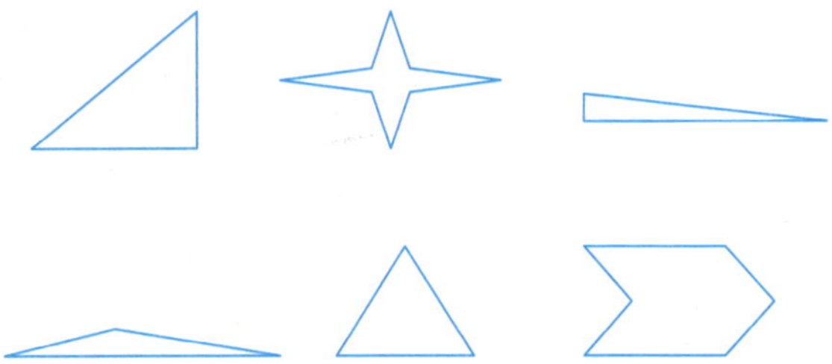

2 Classe ces triangles dans le tableau.

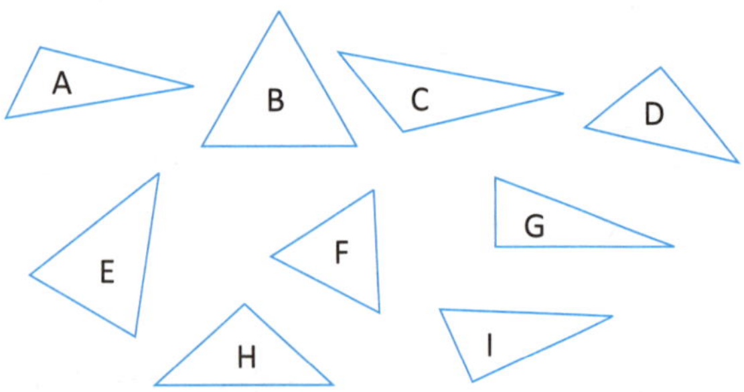

Triangles isocèles	....
Triangles rectangles	....
Triangles équilatéraux	....
Triangles quelconques	....

J'approfondis

3 Construis le triangle ABC tel que AB = 4,5 cm et BC = 3,5 cm.

Pour cela, il faut dans un premier temps tracer 2 arcs de cercles avec un compas :
– en pointant sur A, l'ouverture du compas sera de 4,5 cm ;
– en pointant sur C, son ouverture sera de 3,5 cm.
Le point B se situe à l'intersection de ces deux arcs de cercle.
Relie ensuite les points ABC.

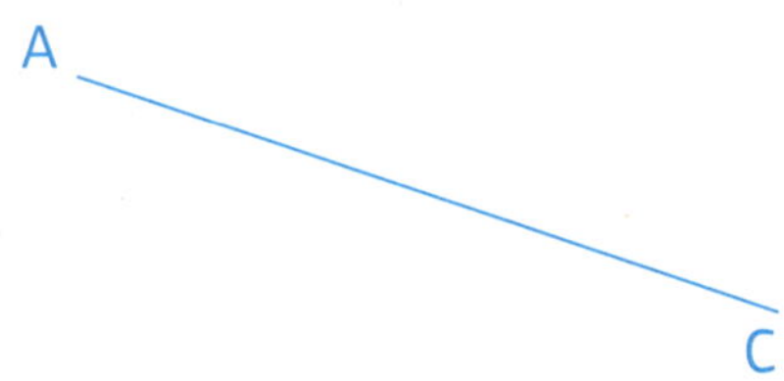

INFOS PARENTS
~ L'utilisation du compas pour la construction des triangles est indispensable, cet outil permet d'obtenir un tracé plus précis.
~ Le compas est avant tout un instrument géométrique qui sert à comparer et à reporter des distances.

41 Tracer des cercles

Je retiens

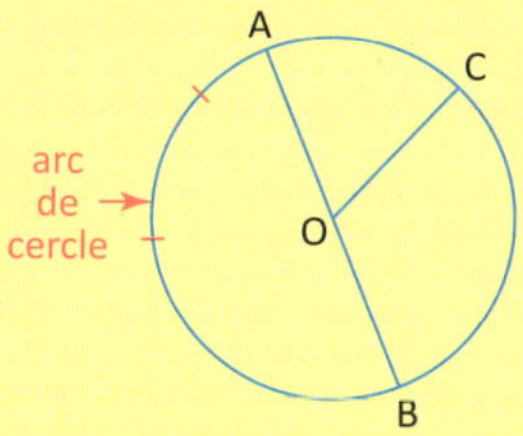

- Un **cercle** est **une ligne courbe fermée** dont tous les points sont à égale distance du centre.

Dans cette figure :

– Le point O est le **centre** du cercle.

– [OC] est un **rayon** : la longueur d'un rayon correspond à l'écartement du compas.

– [AB] est un **diamètre** : la longueur du diamètre est le double de celle du rayon.

Je m'entraine

1 **Trace un cercle de centre O dont le rayon mesure 2,5 cm.**

+ O

2 a. **Trace un cercle C_1 de centre A passant par B. Trace un cercle C_2 de centre B passant par A.**

+ A

+ B

b. **Nomme le rayon de C_1 :** ....

Nomme le rayon de C_2 : ....

J'approfondis

3 **Trace un cercle de centre O dont le diamètre mesure 5 cm. Trace deux autres diamètres.**

4 **Reproduis sur une feuille cette figure en utilisant un compas.**

INFOS PARENTS – Attention à ne pas confondre **cercle** et **disque** : le **cercle** est la courbe constituée de points situés à égale distance d'un centre, le **disque** est constitué des points situés à l'intérieur du cercle.

42 Tracer des figures en suivant un programme de construction

Je retiens

- Pour construire des figures, on peut suivre un **programme de construction**.
Les tracés doivent respecter précisément **l'ordre** des étapes du programme.
- Les mesures données dans le programme doivent être reportées avec une grande précision.

Je m'entraine

1 Suis le programme de construction.

a. Trace un cercle de centre O de 2 cm de rayon.
b. Trace une droite passant par le point O. Elle coupe le cercle en deux points A et C.
c. Trace la perpendiculaire au segment [AC] qui passe par le point O. Elle coupe le cercle en deux points B et D.
d. Construis le quadrilatère ABCD.

+ O

2 Remets dans l'ordre les étapes de construction de la figure.

a. Trace le demi-cercle de centre I et de rayon 2 cm à l'intérieur du carré.
b. Construis un carré dont les côtés mesurent 4 cm.
c. Place le point I au milieu du segment [AB].
d. Nomme ce carré ABCD.

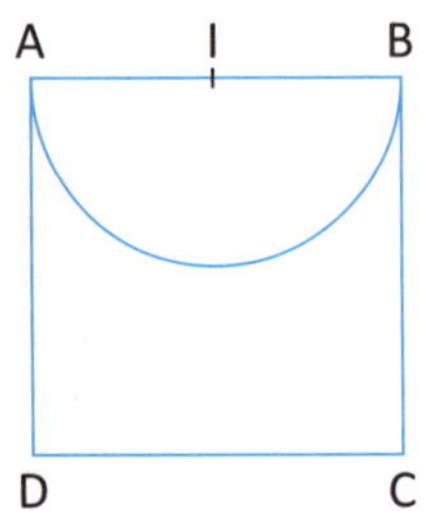

.... → .... → .... → ....

J'approfondis

3 Trace la figure sur une feuille à part.

a. Trace un segment [AB] tel que AB = 7 cm.
b. Place le point I au milieu du segment [AB].
c. Trace la perpendiculaire à [AB] passant par I.
d. Place le point J tel que [IJ] = 8 cm.
e. Place les points K, L et M sur [IJ] tels que : [IK] = [KL] = [LM] = [MJ] = 2 cm.
f. Joins à la règle chacun des points aux extrémités du segment [AB].
g. Colorie la figure comme tu le souhaites.

4 Écris sur une feuille le programme de construction de cette figure.

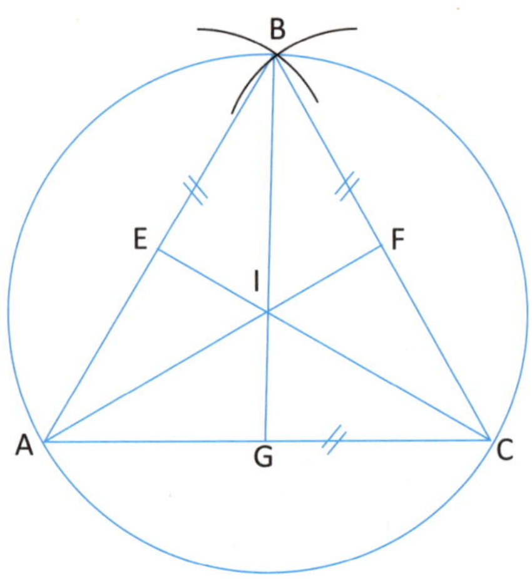

As-tu réussi ? ☐ ☐ ☐

INFOS PARENTS – Les leçons précédentes doivent être parfaitement maitrisées afin d'aborder sereinement cette leçon. Suivre un programme de construction représente une mise en application des connaissances acquises auparavant (polygones, quadrilatères, carrés, rectangles, losanges, triangles, cercles, etc.).

43 Identifier les solides

Je retiens

- Un **solide** représente un **volume**. Les différentes **faces** d'un solide peuvent être planes ou courbes.

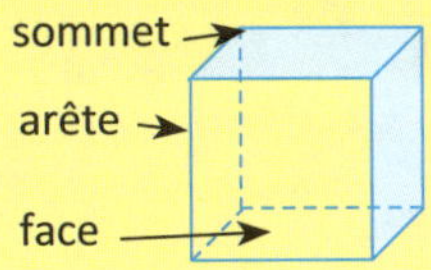

- Le **cube** est un solide possédant 6 faces carrées identiques, 8 sommets et 12 arêtes de même longueur.

- Le **pavé droit** est un solide possédant 6 faces rectangulaires, 8 sommets et 12 arêtes. Ses faces opposées sont identiques.
- Il existe d'autres solides, comme :

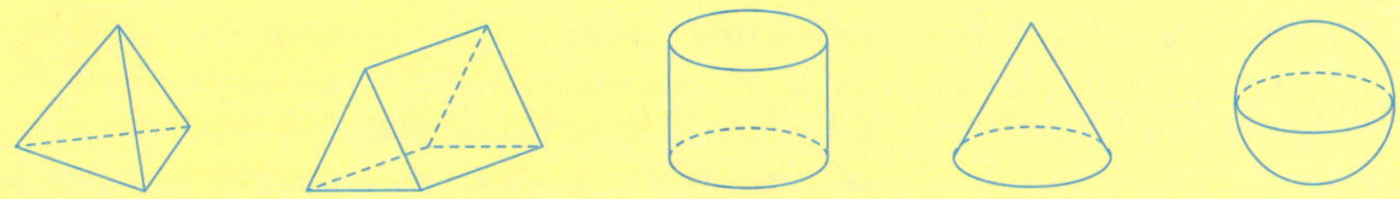

La pyramide — Le prisme droit — Le cylindre — Le cône — La boule

Je m'entraine

1 **À quel solide associes-tu ces objets ?**

a. un cornet de glace → ....

b. un dé → ....

c. un livre → ....

d. un ballon → ....

e. une boite de conserve → ....

2 **Termine la représentation de ce pavé.**

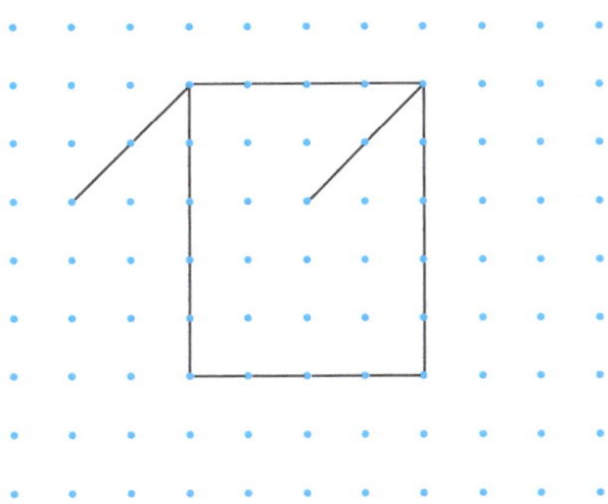

J'approfondis

3 **Observe ces solides et complète le tableau.**

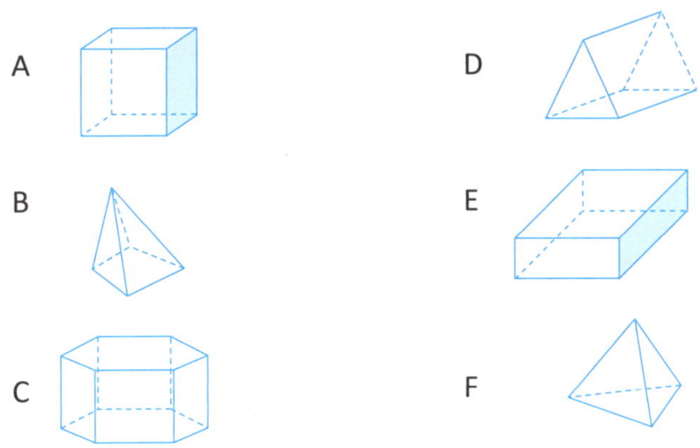

	Nombre de sommets	Nombre d'arêtes	Nombre de faces
A	....	....	....
B	....	....	....
C	....	....	....
D	....	....	....
E	....	....	....
F	....	....	....

INFOS PARENTS Votre enfant ne doit pas confondre le vocabulaire propre aux **polygones** (côtés et sommets) avec celui des **solides** (faces, arêtes et sommets). N'hésitez pas à revoir ces termes avec lui, en manipulant des objets par exemple.

44 Représenter les solides

Je retiens

- Une représentation à plat et en une seule pièce d'un solide est appelée **patron**. Lorsque ce patron est replié, il forme le solide.

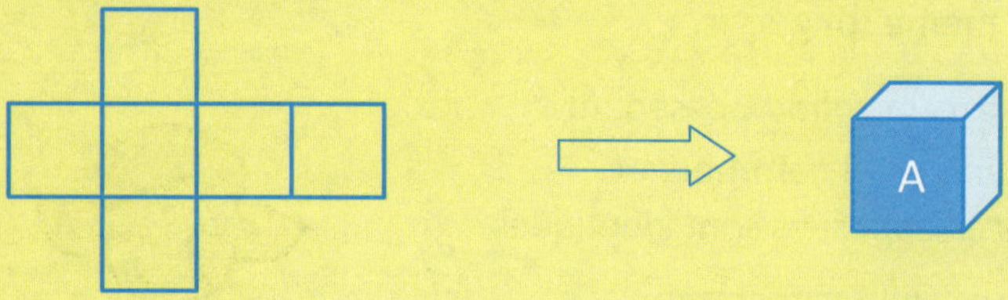

Ce patron est le développement du solide A mis à plat.

- Attention, un solide peut être représenté par plusieurs patrons.

Je m'entraine

1 **Relie chaque patron au solide qui lui correspond.**

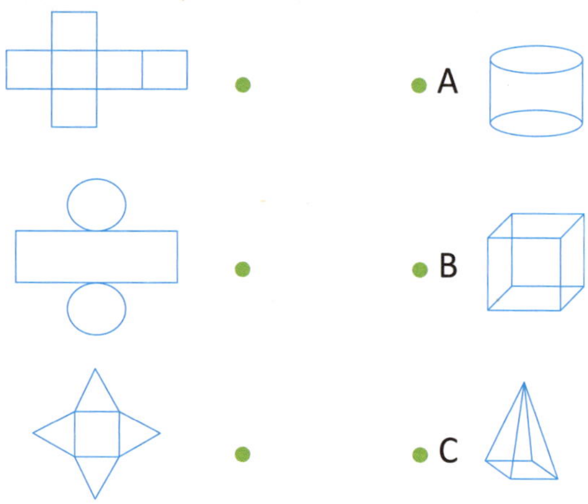

2 **Barre le patron avec lequel tu ne peux pas construire de cube.**

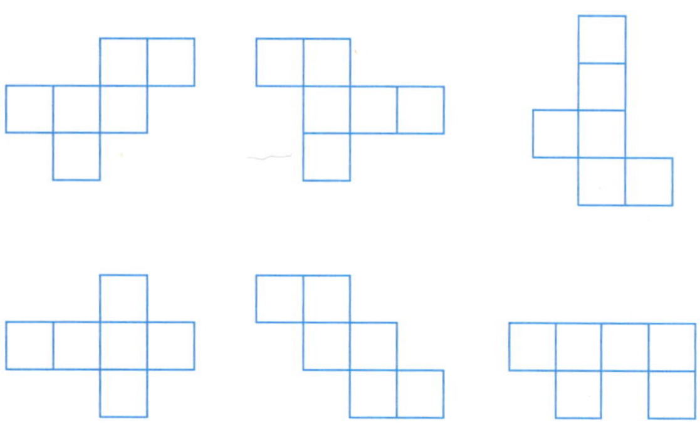

J'approfondis

3 **Voici un patron ; reproduis-le avec du papier-calque sur du papier cartonné, puis construis le solide qui lui correspond.**

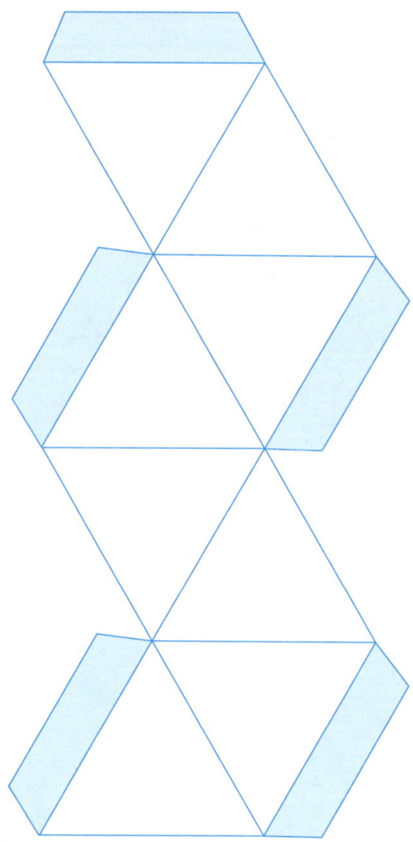

As-tu réussi ?

INFOS PARENTS – Les activités manuelles de type construction de boites, dés, etc. utilisant comme patron le cube ou le pavé droit sont profitables pour votre enfant ; elles permettent de mieux comprendre le lien qui unit un patron au solide qui lui correspond.

45 Agrandir et réduire des figures

Je retiens

- On **agrandit** une figure sans la déformer en multipliant toutes ses mesures par le même nombre ; ses **proportions** sont ainsi conservées.

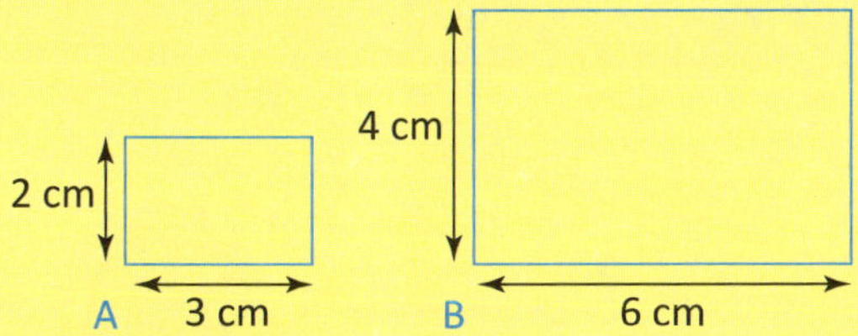

Les dimensions de cette figure ont été multipliées par 2. On dit alors que **« la figure B est la représentation de la figure A à l'échelle 2 ».**

- Pour **réduire** une figure, on divise toutes ses mesures par le même nombre. Par exemple, on peut dire qu'une représentation à l'échelle $\frac{1}{3}$ correspond à une figure dont les dimensions ont été divisées par 3.

Je m'entraine

1 **Colorie les figures qui sont un agrandissement du rectangle A.**

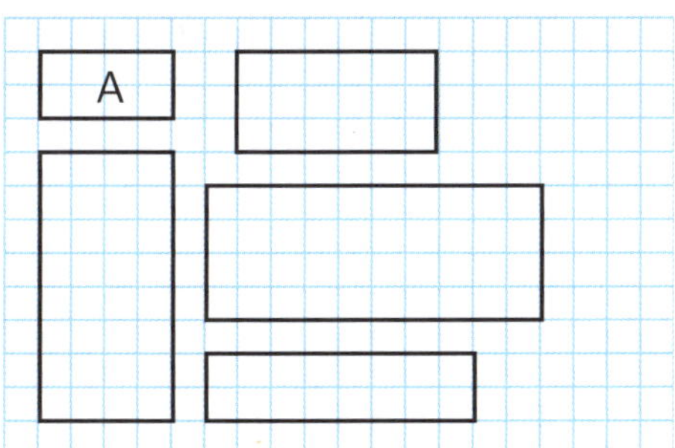

2 **Agrandis cette figure en multipliant ses dimensions par 2.**

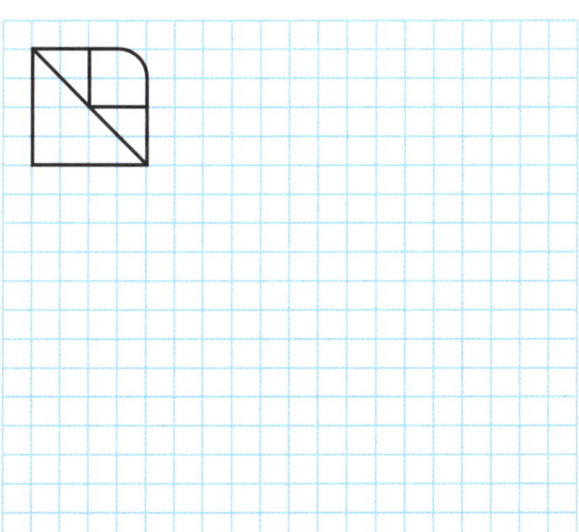

J'approfondis

3 **Reproduis cette figure à l'échelle $\frac{1}{2}$.**

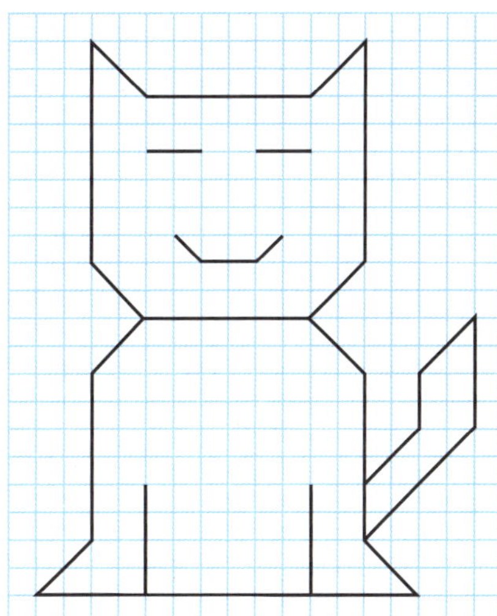

INFOS PARENTS ~ Faites comprendre à votre enfant le lien entre les agrandissements proportionnels de figures et la proportionnalité (p. 29) : si l'on insère dans un tableau de proportionnalité les longueurs d'une figure, le coefficient multiplicateur, correspondant à l'échelle, permet d'obtenir les nouvelles dimensions.

46 Mesurer des longueurs

Je retiens

- L'**unité principale** des mesures de longueur est le **mètre**.
- On utilise un tableau pour **convertir** une mesure de longueur d'une unité vers une autre :

Kilomètre (km)	Hectomètre (hm)	Décamètre (dam)	Mètre (m)	Décimètre (dm)	Centimètre (cm)	Millimètre (mm)
0 ,	0	1	5	0	0	0

Ainsi, 15 m = 0,015 km = 1 500 cm = ...

- Pour effectuer un calcul ou comparer des longueurs, on doit d'abord **convertir** toutes les mesures dans une **même unité**.

Je m'entraine

1 Quelle unité choisiras-tu pour mesurer…

a. la taille d'un livre ? ....

b. la hauteur de la tour Eiffel ? ....

c. l'épaisseur d'une planche en bois ? ....

d. la distance Paris-Toulouse ? ....

2 Colorie d'une même couleur les longueurs identiques.

1 m	10 dm	10,01 hm
11 m	1 001 m	0,001 km
100 100 cm	1 000 mm	1,001 km
100,1 dam	0,011 km	11 000 mm

3 Complète.

a. 12 m = ... cm

b. 35 mm = ... dm

c. 45,8 dam = ... m

d. 5 m = ... km

e. 380 km = ... mm

f. 48 cm = ... hm

J'approfondis

4 Classe ces longueurs de la plus courte à la plus longue.

0,18 dam / 25 m / 1 300 mm / 0,017 km / 340 cm

.... < .... < ....

< .... < ....

5 Calcule.

a. 2 km + 12 m = ... cm
\+ .... cm = ... cm

b. 14 dam + 0,7 hm = ... mm
\+ .... mm = ... mm

c. 2,67 km + 128 m = ... hm
\+ .... hm = ... hm

d. 68,92 cm + 1 200 mm = ... m
\+ .... m = ... m

6 Trace les segments demandés.

a. AB = 4,3 cm

b. CD = 0,003 8 dam

c. EF = 27 mm

As-tu réussi ? ☐ ☐ ☐

INFOS PARENTS – Les unités de mesure de longueur les plus usuelles sont le kilomètre, le mètre, le centimètre et le millimètre. Leur conversion doit être parfaitement maitrisée, et les équivalences les plus simples sues par cœur (1 km équivaut à 1 000 m ; 1 m équivaut à 100 cm ; 1 cm équivaut à 10 mm).

37 Tracer des droites parallèles et perpendiculaires

ESPACE ET GÉOMÉTRIE

Je retiens

- Deux droites **perpendiculaires** forment **un angle droit** à leur intersection.
- Deux droites **parallèles ne se rencontrent jamais**, car la distance qui les sépare est toujours identique. Tracer une droite parallèle à une autre et passant par un point donné s'effectue en trois étapes :

1. Aligner l'équerre sur la droite.

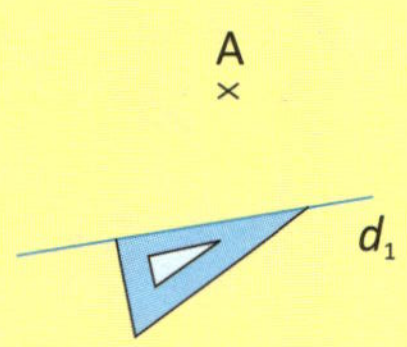

2. Placer la règle sur l'angle droit de l'équerre.

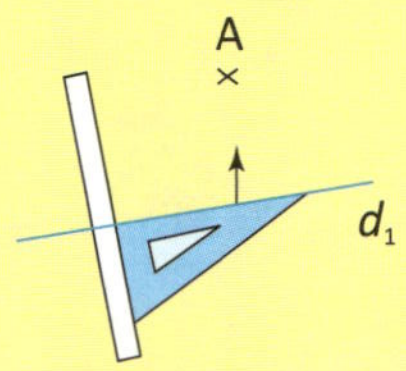

3. Faire glisser l'équerre jusqu'au point donné et tracer la droite parallèle.

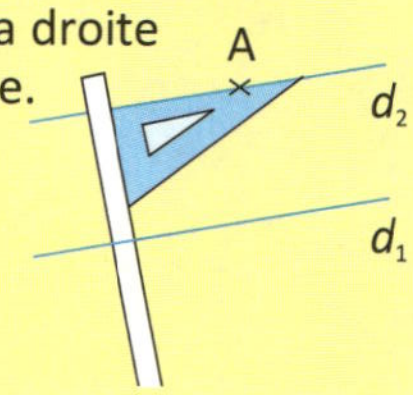

Je m'entraine

1 **Signale les angles droits dans cette figure par un petit carré rouge, comme sur l'exemple.**

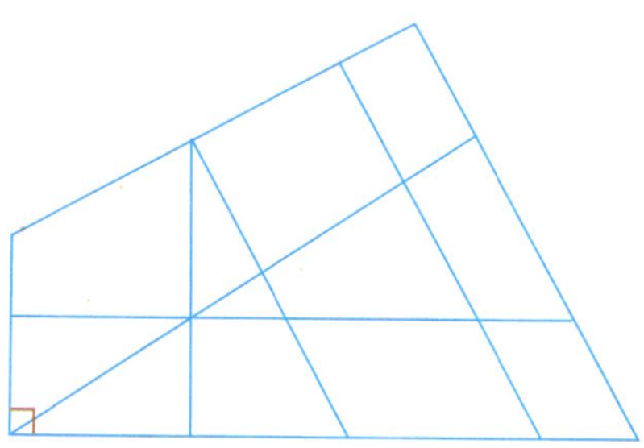

2 **Surligne en rouge la droite parallèle à *d*, surligne en bleu les droites parallèles à *f*.**

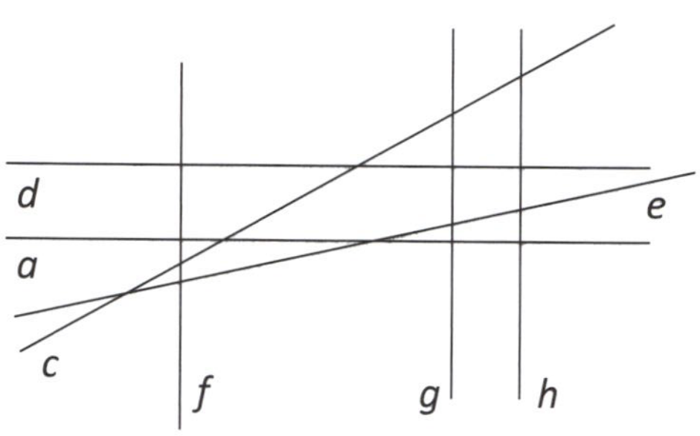

J'approfondis

3 **Trace la droite *d* parallèle à d_2 passant par le point B.**

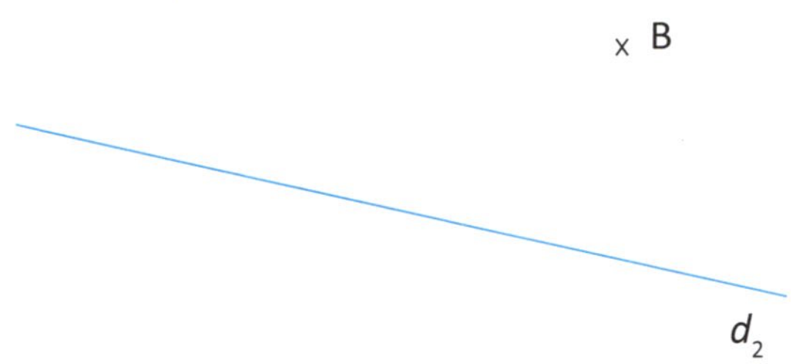

4 **Trace la droite d_4 perpendiculaire à d_3 passant par A. Trace d_5, parallèle à d_3 passant par B.**

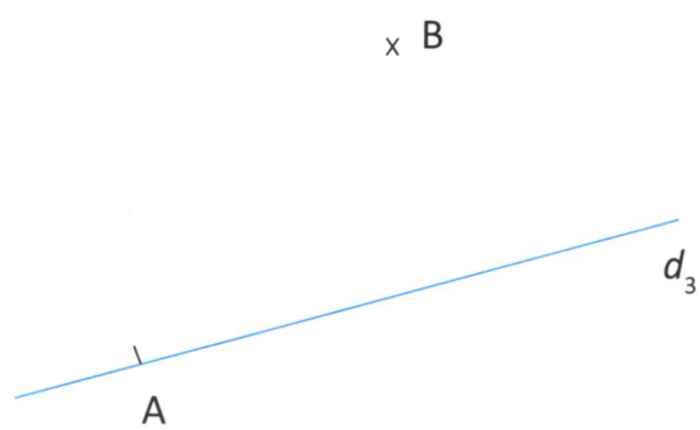

Observe les droites d_4 et d_5. Que constates-tu ?

....

INFOS PARENTS
- Pour constater la perpendicularité de deux droites, votre enfant ne doit pas se contenter d'approximations visuelles ; il doit toujours vérifier avec l'équerre.
- Les symboles // et ⊥ seront utilisés à partir du collège.

As-tu réussi ?

38 Identifier les polygones et les quadrilatères

ESPACE ET GÉOMÉTRIE

Je retiens

● Un **polygone** est une figure géométrique formée par une **ligne brisée fermée**.

La figure ABCDE est un polygone à 5 côtés.

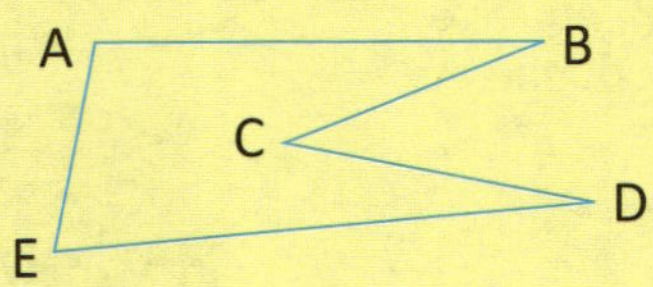

● Un **quadrilatère** est un polygone ne comportant que **4 côtés**.

La figure FGHI est un quadrilatère.

Je m'entraine

1 **Parmi les figures suivantes, colorie les polygones.**

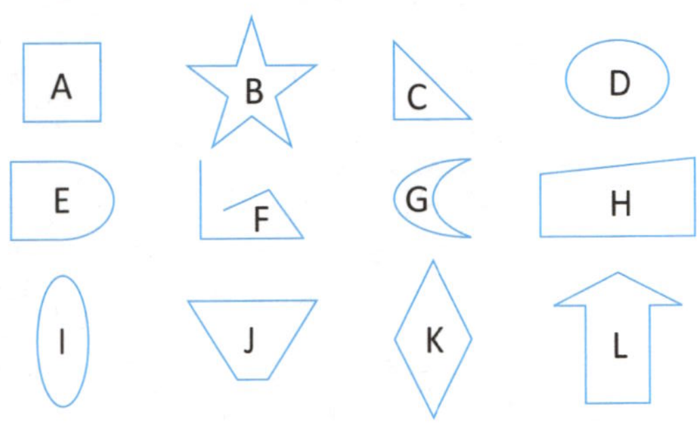

2 a. **Complète le tableau en te référant aux polygones de l'exercice 1.**

Polygone	Nombre de côtés	Nombre de sommets
A	....	....
....	....	....
....	....	....
....	....	....
....	....	....
....	....	....
....	....	....

b. **Que constates-tu ?** ....

c. **Combien de quadrilatères dénombres-tu ?**

....

J'approfondis

3 **Complète le tableau en te référant aux quadrilatères de l'exercice 1.**

Quadrilatère	2 côtés parallèles	2 côtés égaux	4 angles droits
A	oui	oui	oui
....	....	....	....
....	....	....	....
....	....	....	....

4 **Reproduis les polygones.**

As-tu réussi ?

INFOS PARENTS – Les polygones majoritairement étudiés en classe de CM2 sont les triangles et quadrilatères particuliers (carrés, rectangles, losanges). Votre enfant rencontrera cependant d'autres polygones : pentagones, hexagones, etc.

47 Calculer le périmètre des rectangles et des carrés

Je retiens

- Le **périmètre** correspond à **la longueur du contour d'une figure**.

Périmètre du carré :

P = côté × 4

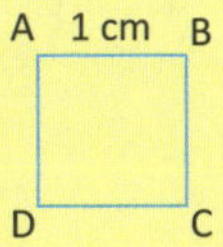

Périmètre ABCD = 1 × 4 = 4.
Le périmètre du carré ABCD est de 4 cm.

Périmètre du rectangle :

P = 2 × (L + l)

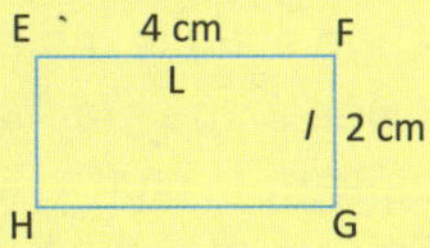

Périmètre EFGH =
2 × (4 + 2) = 2 × 6 = 12
Le périmètre du rectangle EFGH est de 12 cm.

Je m'entraine

1 Observe la figure.

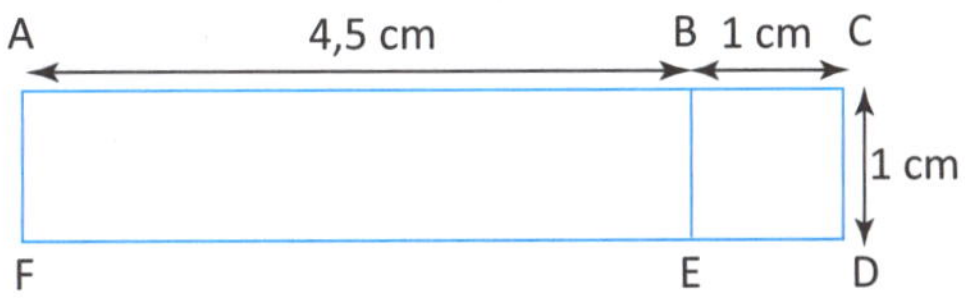

a. **Calcule le périmètre du rectangle ABEF.**

....

b. **Calcule le périmètre du carré BCDE.**

....

c. **Calcule le périmètre du rectangle ACDF.**

....

2 Complète le tableau.

Longueur d'un côté du carré (en cm)	2	3,5	5	......	......
Périmètre (en cm)	......	......	......	48	36

3 Résous le problème.

Martine décore les murs de sa chambre avec une frise. La pièce est rectangulaire, elle mesure 4,3 m de large et 6,5 m de long.
Quelle longueur de frise devra-t-elle acheter ?

....

J'approfondis

4 Complète le tableau.

Longueur du rectangle (en cm)	4	3,5	8,5	5,5	......
Largeur du rectangle (en cm)	2	1	2,3	14,6	2
Périmètre (en cm)	......	......	......	......	20

5 Trace un carré de 8 cm de périmètre.

6 Dessine le contour d'un ticket de métro en respectant les dimensions.

Sa largeur est de 3 cm, sa forme rectangulaire et son périmètre mesure 19,4 cm.

INFOS PARENTS – Attention, lorsque votre enfant calcule le périmètre d'une figure composée de deux figures qui ont un côté commun, il ne doit pas prendre en compte ce segment (ex. : BE dans l'exercice 1).

48 Lire l'heure

Je retiens

- La **petite aiguille** indique les heures. Pour les heures de l'après-midi et du soir, on rajoute 12 à l'heure lue.

  2 h 21 deviendra donc 14 h 21.

- La **grande aiguille** indique les minutes, elle est associée à une graduation qui va de 0 à 59. En multipliant le chiffre lu sur le cadran par 5, on obtient les minutes correspondantes.

  Il est 9 heures et 20 minutes ou 21 heures et 20 minutes

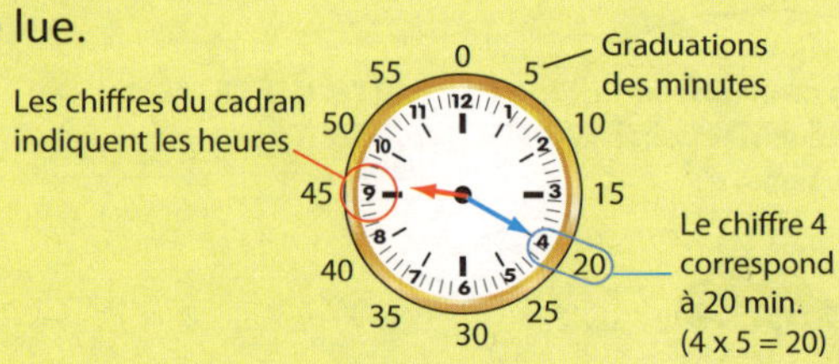

Attention, on dit :

8 h 15	8 h 30	8 h 45
« Huit heures et quart »	« Huit heures et demie »	« Neuf heures moins le quart »

Je m'entraine

1 **Relie les points.**

8 h 20 • • 

13 h 35 • • 

23 h 10 • • 

2 **Quelle sont les heures indiquées sur ces cadrans ? Donne à chaque fois les deux réponses possibles.**

....
....

....
....

J'approfondis

3 **Voici l'heure de départ et l'heure d'arrivée du marathon que vient de courir un jeune sportif.**

Départ

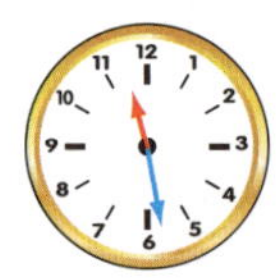

Arrivée

a. Quelles étaient les heures :

– de départ ? ....

– d'arrivée ? ....

b. Quelle a été la durée totale de la course ?

....

4 **Au cinéma, un film d'une heure et trente trois minutes commence à 14 h 05. Dessine sur les cadrans les heures de début et fin du film.**

Début du film

Fin du film

As-tu réussi ?

INFOS PARENTS Votre enfant doit s'entrainer à lire l'heure avec des cadrans numériques et analogiques. Il peut pour cela utiliser différents outils : pendule, horloge, montre, réveil, chronomètre, etc.

49 Mesurer des durées

Je retiens

- Pour mesurer des **durées**, on utilise comme unités les **heures**, les **minutes** et les **secondes**.
Dans 1 heure, il y a 60 minutes (**1 h = 60 min**).
Dans 1 minute, il y a 60 secondes (**1 min = 60 s**).
Dans 1 heure, il y a 3 600 secondes (**1 h = 3 600 s**).
- Dans un calcul, **on ajoute d'abord les secondes entre elles**, les minutes entre elles puis les heures entre elles.

	1h	35 min	48 s
+		12 min	34 s
	1h	47 min	82 s

Après ce calcul, il faut décomposer **82 secondes**, car 82 > 60.
82 s = 60 s + 22 s = 1 min + 22 s
Ainsi 1 h 47 min 82 s devient **1 h 48 min 22 s**.

Je m'entraine

1 Complète les affirmations.

a. Un quart d'heure équivaut à ..... minutes.

b. Une demi-heure équivaut à ..... minutes.

c. Une heure et demie équivaut à .... minutes.

d. Deux heures trois quarts équivalent à .... minutes.

2 Convertis les durées selon l'unité demandée.

a. 34 min = ... s

b. 1 h 18 min = ... min

c. 2 h 47 min = ... s

d. 43 200 s = ... h

3 Résous le problème.

Un train quitte Paris à 9 h 50 du matin, il arrive en gare d'Annecy à 13 h 35.
Combien de temps a duré le trajet ?

....

....

....

J'approfondis

4 Calcule les opérations suivantes en te servant de ton ardoise.

a. 35 min 24 s + 1 h 12 min 7 s = ...

b. 1 h 27 min 53 s + 52 min = ...

c. 2 h 42 min 31 s + 12 min 40 s = ...

d. 3 h 49 min 46 s – 1 h 32 min 27 s =

....

5 Résous le problème.

Un chef d'orchestre enregistre l'intégrale des symphonies de Johannes Brahms. Les durées de ces œuvres sont les suivantes :

- Symphonie n° 1 → 45 min 07 s
- Symphonie n° 2 → 39 min 04 s
- Symphonie n° 3 → 34 min 32 s
- Symphonie n° 4 → 40 min 31 s

Les CD utilisés ont une capacité de 80 minutes.
Comment les symphonies doivent-elles être réparties ? Quel temps restera-t-il sur chaque CD ?

CD 1	CD 2
Symphonie n° .... Symphonie n°	Symphonie n° .... Symphonie n° ....
Temps restant	Temps restant ....

INFOS PARENTS – Les calculs de durée ne sont pas basés sur un découpage décimal (de 10 en 10), mais sur un découpage sexagésimal (de 60 en 60). Votre enfant peut s'aider d'une ligne numérique.

50 Mesurer des masses

Je retiens

- L'**unité principale** des mesures de masse est le **kilogramme**.
- Pour convertir une mesure de masse d'une unité vers une autre, on peut utiliser un tableau :

Kilogramme (kg)	Hectogramme (hg)	Décagramme (dag)	Gramme (g)	Décigramme (dg)	Centigramme (cg)	Milligramme (mg)
6 ,	2	5	0	0	0	0

Ainsi, 6,250 kg = 6 250 g = 625 000 cg = …

- Pour effectuer un calcul ou comparer des masses, on doit d'abord **convertir** toutes les mesures dans une **même unité**.
- Il existe d'autres unités :

1 quintal = 100 kg 1 tonne = 1 000 kg

Je m'entraine

1 **Trouve la masse de ces différents objets.**

a. Oranges : ....

b. Bonbons : ....

2 **Entoure dans chaque cas la réponse qui te semble la plus proche de la réalité.**

a. Un vélo pèse 14 cg / 14 kg / 14 g

b. Un éléphant d'Asie pèse 5 kg / 5 g / 5 t

c. Une goutte d'eau pèse 1 mg / 1 cg / 1 g

d. Un escargot pèse 15 cg / 15 g / 15 hg

J'approfondis

3 **Complète les égalités.**

a. 0,5 kg = ... g

b. 6 750 mg = ... g

c. 1 500 g = 1,5 ....

d. 0,01 g = ... mg

e. 0,532 kg = 53,2 ....

f. 4 hg = 40 000 ....

4 **Effectue les calculs.**

a. 3 kg + 64 g = ... g + 64 g = ... g

b. 0,37 kg + 2,562 kg = ... kg = ... g

c. 145 g + 380 dg = ... dg + 380 dg = ... dg

d. 2 467 mg + 345 g = ... g + ... g = ... g

5 **Résous le problème.**

Voici le détail de la masse du cartable de Vanessa : un cartable (1,1 kg), une trousse (45 dag), un cahier de texte (335 g), deux cahiers (17 dag par cahier), une calculatrice (50 g), deux manuels scolaires (7 hg par manuel).

Quelle est la masse totale de son cartable ?
Donne le résultat en kilogrammes.

....

INFOS PARENTS On utilise le mot « poids » pour désigner en réalité la **masse** d'un objet. La **masse** mesure la quantité de matière contenue dans un objet (**l'unité de masse est le kg**). Le poids mesure la force d'attraction qu'exerce un astre sur un objet (**l'unité de poids est le Newton**).

51 Mesurer des contenances

Je retiens

- L'**unité principale** des mesures de **volume** et de **contenance** est le **litre**.
- Pour convertir une mesure de masse d'une unité vers une autre, on peut utiliser un tableau :

Hectolitre (hL)	Décalitre (daL)	Litre (L)	Décilitre (dL)	Centilitre (cL)	Millilitre (mL)
0	2	5	0	0	0

Ainsi, 25 L = 0,25 hL = 25 000 mL = ...

- Pour effectuer un calcul ou comparer des mesures de volume, on doit d'abord **convertir** toutes les mesures dans une **même unité**.

Je m'entraine

1 Convertis ces volumes.

a. 1 L = ... dL
b. 0,579 L = ... mL
c. 14 mL = ... cL
d. 74 653 mL = ... L
e. 512 dL = ... L
f. 33 L = ... hL

2 Choisis la bonne unité.

a. 180 L = 1,8 ....
b. 15 mL = 0,015 ....
c. 64,5 daL = 64 500 ....
d. 61,25 dL = 0,6125 ....
e. 190 cL = 1 900 ....

3 Résous le problème.

Sébastien a acheté un pack de 6 bouteilles d'1,5 L, deux packs de 6 petites bouteilles de 50 cL et une bonbonne de 12,5 L pour alimenter sa fontaine. Calcule et exprime en litres la quantité d'eau qu'il vient d'acheter.

....

....

J'approfondis

4 Effectue les calculs suivants.

a. 3 L + 345 mL = ... cL + ... cL
= cL

b. 85 hL + 44,45 L = ... daL + ... daL
= .... daL

c. 1 cL + 1 hL = ... mL + ... mL
= .... mL

d. 468,8 dL – 13,52 L = ... cL – cL
= cL

5 Résous le problème.

Pour sa fête d'anniversaire, Albert achète 8 bouteilles de jus de fruits de 1,5 L chacune. Ses verres contiennent chacun 15 cL.

Combien de verres pourra-t-il remplir ?

....

6 Résous le problème.

Pour remplir son aquarium, Christophe utilise un pichet d'une contenance de 16 dL. Son poisson rouge a besoin de 4 daL d'eau pour vivre.

Combien de fois devra-t-il vider son pichet dans l'aquarium ? ....

INFOS PARENTS – Votre enfant peut s'exercer aux conversions et aux opérations sur des mesures de contenance avec des accessoires de la vie courante (ex. : verre doseur, canette...).

52 Connaitre la notion d'aire

Je retiens

• L'**aire** détermine la **dimension d'une surface**, elle correspond au nombre d'unités contenues à l'intérieur d'une figure.

Ici, l'unité d'aire correspond à un petit carré → □

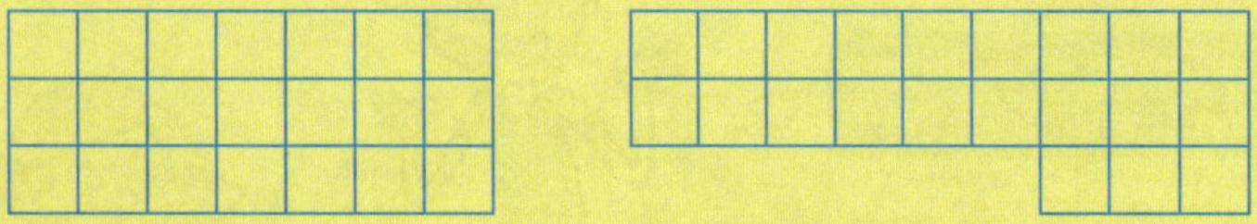

(21 unités d'aire) (21 unités d'aire)

Ces figures n'ont pas la même forme, pourtant, elles ont la même aire.

Je m'entraine

1 **Classe ces aires de la plus petite à la plus grande.**

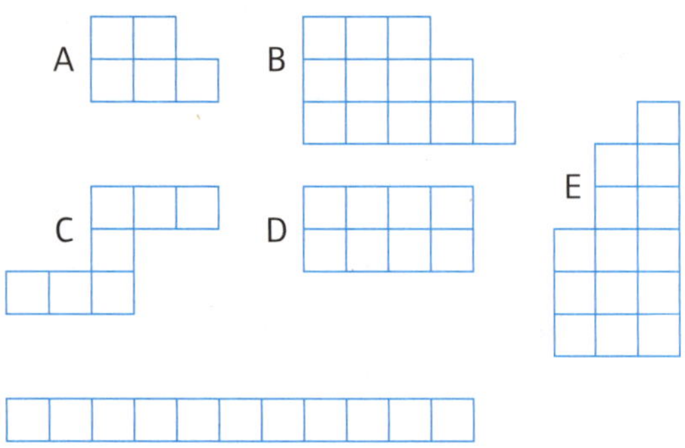

.... < .... < .... < ....
< .... < ....

2 **Donne les aires de l'exercice 1.**

A = 5 unités d'aire
B = ...
C = ...
D = ...
E = ...
F = ...

J'approfondis

3 **Ces figures ont toutes la même aire, sauf une. Cherche l'intrus et colorie-le.**

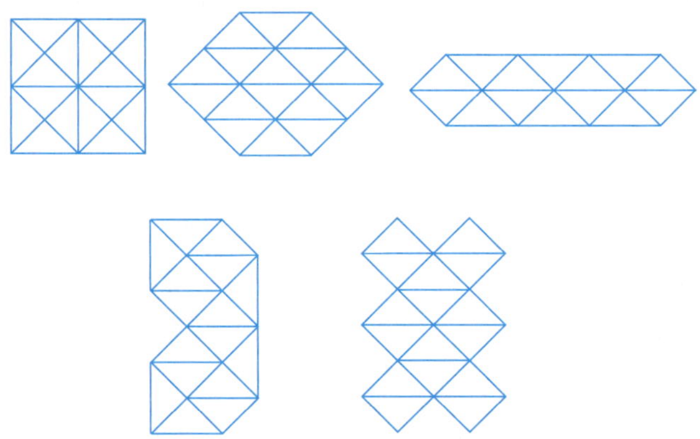

4 **Voici une figure dont l'aire n'est pas tracée. Trace-la.**

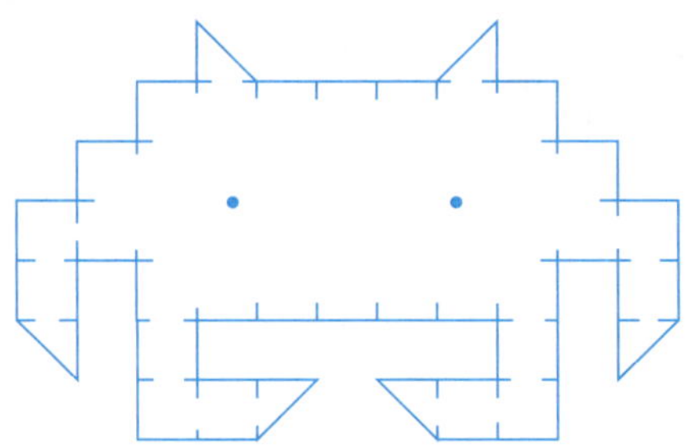

Détermine l'aire de la figure : ....

As-tu réussi ?

INFOS PARENTS – Tout au long du cycle 3, les élèves s'entrainent à déterminer des aires par dénombrement d'unités d'aire dans un premier temps, puis par calcul.
– Attention, l'unité d'aire n'est pas toujours le carré (*cf.* exercices 3 et 4).

53 Utiliser des unités d'aire

GRANDEURS ET MESURES

Je retiens

- Pour calculer des **aires**, l'unité principale est le **mètre carré (m²)**.
1 m² correspond à l'aire d'un carré de 1 m de côté.
Une figure de 25 m² contient donc l'équivalent de 25 carrés de 1 m de côté.

- Pour changer d'unité d'aire, on utilise un tableau de conversion, qui se remplit en écrivant **2 chiffres par colonne**.

km²		hm²		dam²		m²		dm²		cm²		mm²	
	0,	0	0	0	0	2	5	0	0	0	0		

Ainsi 25 m² = **0,000 0**25 km² = 25**0 000** cm² =...

- Hectomètres carrés (hm²) et décamètre carrés (dam²) sont assez rarement utilisés mais il ne faut pas oublier de les placer dans le tableau de conversion.

Je m'entraine

1 Écris les mesures dans le tableau.

3,5 m² ; 25 500 m² ; 3 588 dm² ; 11,02 dm²

km²		hm²		dam²		m²		dm²		cm²		mm²	

2 Entoure la réponse qui te semble la plus appropriée.

a. L'aire d'un écran de cinéma est de
45 m² / 45 cm² / 45 km²

b. L'aire d'un timbre-poste est de
50 mm² / 50 dm² / 50 m²

c. L'aire d'un terrain de football est de
7 000 cm² / 7 000 dm² / 7 000 m²

3 Résous le problème.

Les mesures d'un terrain de basketball sont 28 m de longueur pour 15 m de largeur.

a. Quelle est sa superficie (son aire) ?

....

b. Convertis cette aire en dam².

....

J'approfondis

4 Complète ces égalités.

a. 3 m² = ... cm²

b. 1,02 km² = ... m²

c. 4 036 cm² = ... m²

d. 8 m² = 800 ....

e. 26 cm² = 0,002 6 ....

5 Résous le problème.

Voici la représentation d'un échiquier :

a. Calcule l'aire d'un échiquier dont le côté d'une case mesure 1 cm.

....

b. Calcule l'aire d'un échiquier dont le côté d'une case mesure 3,5 cm.

....

INFOS PARENTS Lorsque des unités agraires (ares et hectares) sont rencontrées dans un problème, leurs correspondances légales sont toujours fournies aux élèves.
Rappel : 1 are (a) équivaut à 100 m² ; 1 hectare (ha) équivaut à 10 000 m².

54 Calculer et comparer des mesures d'aire

Je retiens

- Pour calculer l'**aire d'un rectangle**, on **multiplie sa longueur (L) par sa largeur (l) :** **A = L × *l***

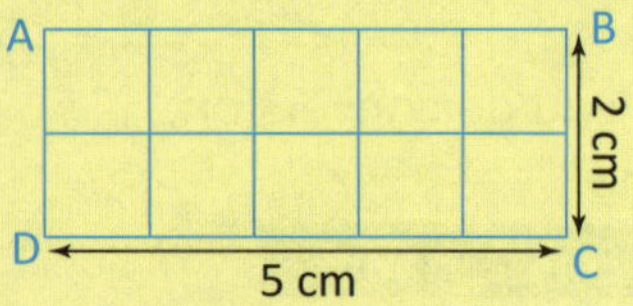

Aire ABCD = 5 × 2 = 10.
L'aire du rectangle ABCD est de 10 cm².

Je m'entraine

1 **Calcule l'aire des rectangles suivants (1 carreau = 1 cm²).**

a.

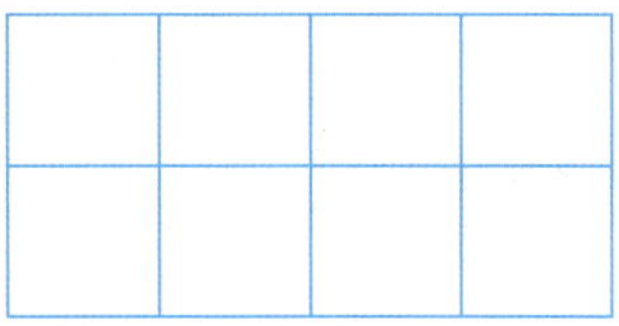

....

b.

....

2 **Calcule et compare les mesures d'aire suivantes.**

a. Un damier de 27,5 cm de côté : ....

b. Une bande dessinée de 22,5 cm de largeur et de 29,5 cm de longueur : ....

c. Un ordinateur portable de 21,5 cm de largeur et de 32,5 cm de longueur : ....

.... < .... < ....

3 **Calcule (en cm²) l'aire du cahier d'exercices de mathématiques sur lequel tu es actuellement en train de travailler.**

....

J'approfondis

4 **Écris ces aires dans le tableau suivant puis compare-les.**

253,58 m² ; 16200 cm² ; 15000 m² ; 4,58 km²

km²		hm²		dam²		m²		dm²		cm²		mm²	

.... < .... < .... < ....

5 **Résous le problème.**

Voici le plan de la chambre d'Amir, il souhaite y poser de la moquette.

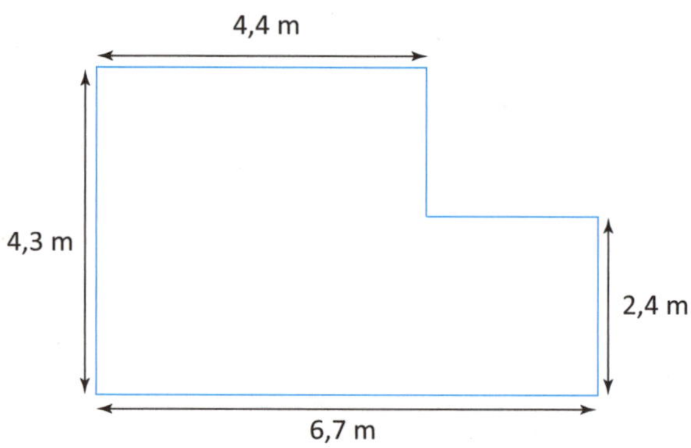

a. **Quelle quantité de moquette devra-t-il acheter ?**

....

Un mètre carré de moquette coute 4,49 €.

b. **Combien Amir devra-t-il payer au total ?**

....

As-tu réussi ?

INFOS PARENTS — Le calcul d'aires à partir de formules se limite, en CM2, à celles du rectangle. Le travail sur les aires sera prolongé et approfondi au collège.

55 Différencier périmètre et aire

Je retiens

- Le **périmètre** d'une figure est la mesure de la **longueur de son contour** ; il s'exprime en **mètre (m)**.
- **L'aire** d'une figure est la mesure de sa **surface** ; elle s'exprime en **mètre carré (m²)**.
- Deux figures ayant la **même aire** peuvent avoir des **périmètres différents.** Inversement, deux figures ayant le **même périmètre** peuvent avoir des **aires différentes**.

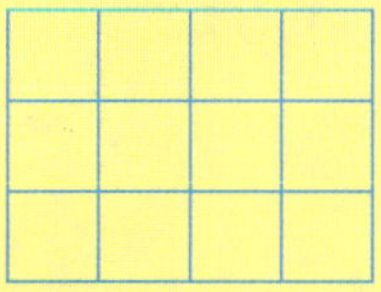

P = 14 cm
A = 12 cm²

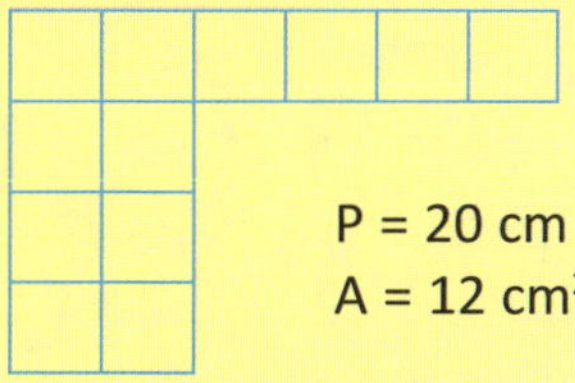

P = 20 cm
A = 12 cm²

Je m'entraine

1 a. **Calcule l'aire et le périmètre de ces rectangles.**

A = ...

P = ...

A = ...

P = ...

b. **Que constates-tu ?**

....

....

....

J'approfondis

2 **Complète cette figure pour former un rectangle ABCD de 16 cm de périmètre.**

3 **Complète cette figure pour former un rectangle EFGH ayant une aire de 16 cm².**

4 **Un agriculteur cultive du maïs dans son champ. Celui-ci a une forme rectangulaire, la largeur est de 48 m et le périmètre de 280 m. Combien mesure l'aire de ce champ de maïs ?**

....

INFOS PARENTS – Les élèves pensent souvent que plus le périmètre d'une figure est grand, plus son aire sera grande. Attention, il n'y a pas de relation de proportionnalité entre le périmètre et l'aire d'une figure.

56 Reconnaitre les angles

Je retiens

Les deux demi-droites [Ox) et [Oy) délimitent un angle dont le sommet est le point O.
Voici l'angle $\widehat{xOy}$.

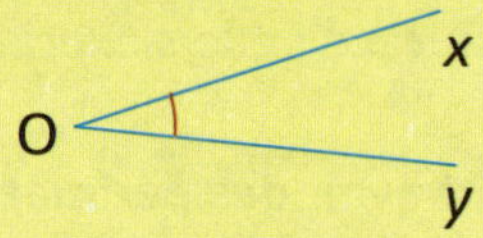

- Un angle peut être :

aigu (plus petit que l'angle droit)	droit	obtus (plus grand que l'angle droit)	plat

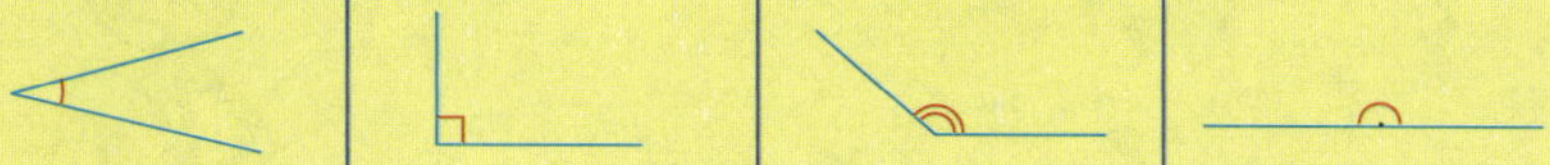

Je m'entraine

1 **Observe les angles et coche les cases du tableau (utilise ton équerre pour trouver les réponses).**

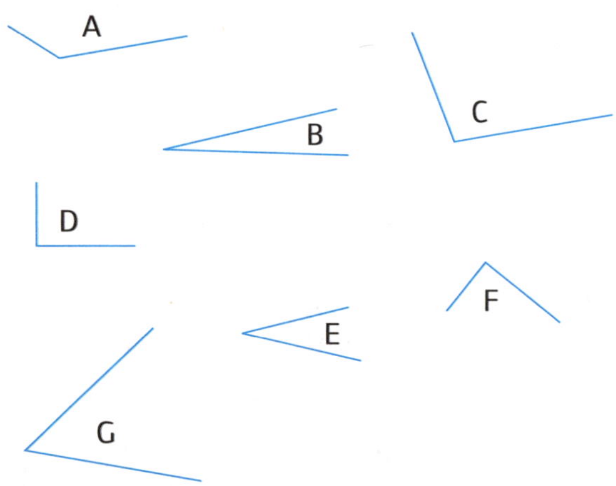

	Angle aigu	Angle droit	Angle obtus	Angle plat
A			X	
B				
C				
D				
E				
F				
G				

J'approfondis

2 **Trace un angle aigu.**

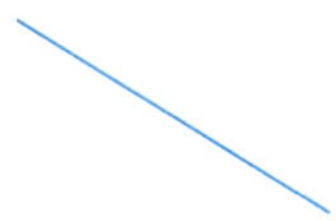

3 **Trace un angle obtus.**

4 **Range ces angles dans l'ordre croissant.**

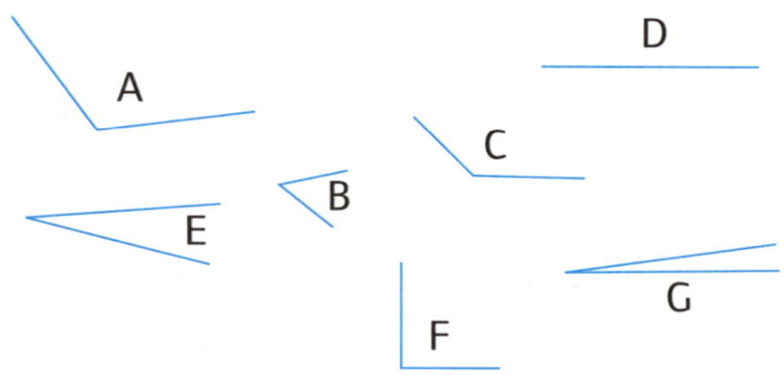

.... < .... < ....

As-tu réussi ?

INFOS PARENTS
- En CM2, l'observation des angles se limite à des comparaisons, classements et rangements.
- Les élèves doivent prendre conscience que la longueur des côtés n'a aucune incidence sur la mesure des angles.

Problèmes

ADDITIONS ET SOUSTRACTIONS

1 Au départ de Paris, 786 voyageurs ont pris place dans un TGV. À Chambéry, 297 voyageurs descendent et 335 montent.

Combien y a-t-il de voyageurs lorsque le train repart de Chambéry ?

2 Pour se rendre en avion à l'Ile de Pâques, Cécilia et Antoine ont pris trois vols :
Paris – Madrid (1 203 km), Madrid – Santiago (10 531 km), Santiago – Ile de Pâques (3 698 km).

Quelle distance ont-ils parcourue au total ?

3 Margaux possède 69,80 €. Elle a 15,75 € de moins que Philippe et 47,34 € de plus que Guillaume.

a. Quelle somme d'argent possède Philippe ?

b. Quelle somme d'argent possède Guillaume ?

4 Voici les résultats des élections municipales :

Bureau n°	Candidat A	Candidat B
1	647	525
2	496	539
3	378	602
4	585	394

a. Quel candidat a gagné l'élection ? Avec combien de voix ?

b. Quel est l'écart de voix entre ces deux candidats ?

MULTIPLICATIONS ET DIVISIONS

5 Un olivier produit en moyenne 22 kg d'olives. Il faut environ 5 kg d'olives pour 1 L d'huile. L'oliveraie de Monsieur Tarcha compte 81 arbres.

a. Combien de kilogrammes d'olives Monsieur Tarcha va-t-il récolter ?

b. Quelle quantité d'huile d'olive produira-t-il ?

Problèmes

6 Chaque jour, un train de marchandises composé de 14 wagons transporte 13,5 tonnes de sable par wagon.

Quelle est la quantité de sable transportée en 7 jours ?

.....

7 Un enseignant achète pour sa classe 27 billets pour assister à une représentation de *La Flute enchantée* de Mozart. Le total s'élève à 337,50 €.

Combien coute un billet ?

.....

8 Un magazine jeunesse mensuel propose 3 formules d'abonnement :
6 mois pour 25,80 € ; 1 an pour 45,60 € ;
2 ans pour 82,80 €.

Calcule le prix d'un numéro pour chacune de ces formules.

Formule 1 : .....

Formule 2 : .....

Formule 3 : .....

9 Une entreprise renouvelle son parc informatique et acquiert 93 ordinateurs. Chaque nouvelle machine coute 659 €.

Quel est le prix de cet investissement ?

.....

CHOIX DES OPÉRATIONS

10 À l'heure du déjeuner, un restaurant a servi 84 couverts. 52 clients ont choisi la formule à 12,80 €, les autres ont commandé la formule à 14,30 €.

Quelle est la recette totale ?

.....

11 La salle d'un cinéma comporte 49 rangées de 18 places. Pour les 5 séances de la journée, la salle était complète, sauf pour la première séance où les deux premiers rangs étaient vides.

Combien de spectateurs ont assisté à ces projections ?

.....

12 Pour organiser une tombola, l'école Claude-Debussy vend son journal 1,60 € pièce. Le cout de fabrication d'un journal est de 0,75 €.

Combien pourrait gagner l'école si 1 000 exemplaires étaient vendus ?

.....

FRACTIONS

13 Marie invente un nouveau cocktail de jus de fruits : le *Fruity Mary*. Les proportions sont représentées sur la droite numérique.

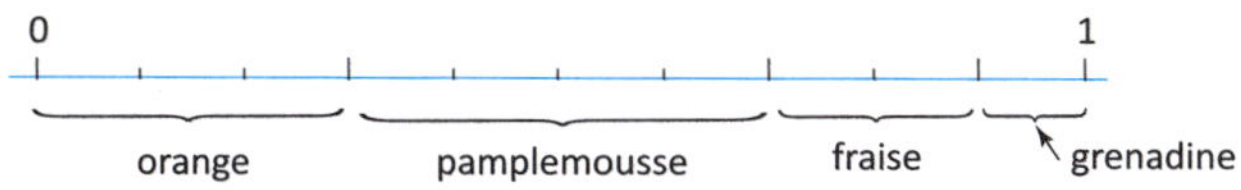

Écris sous la forme de fractions décimales, puis sous la forme de nombres décimaux, ces proportions pour 1 litre de *Fruity Mary*.

Orange : $\frac{\dots\dots}{10}$ = ... L

Pamplemousse : $\frac{\dots\dots}{\dots\dots}$ = 0,.......... L

Fraise : $\frac{\dots\dots}{\dots\dots}$ = ... L

Grenadine : $\frac{\dots\dots}{\dots\dots}$ = ... L

14 Trois camarades de classe lisent le même roman. Marie-Laure en a lu la moitié, Corinne les $\frac{3}{10}$ et Isabelle les $\frac{4}{5}$.

Qui a le plus avancé dans sa lecture ?

PROPORTIONNALITÉ

15 3 entrées pour le château de Versailles coutent 40,50 €.

a. **Quel est le prix de 2 entrées ?**

b. **Quel est le prix de 5 entrées ?**

16 Un escargot parcourt en moyenne 6 cm en 1 minute.

a. **Quelle distance parcourt-il en 15 minutes ?**

b. **En combien de temps parcourt-il une distance de 33 cm ?**

MESURES

17 Lors d'une étape du Tour de France 2007, le vainqueur a parcouru l'étape en 4 h 53 min 13 s. Le deuxième est arrivé 1 min 24 s après, il avait 1 min 21 s d'avance sur le troisième.

Quel temps a mis le troisième pour parcourir l'étape ?

18 Un robinet fuit et déverse en 1 heure 48,5 cL d'eau.

Quel volume d'eau s'écoule en 3 jours ? Donne le résultat en litres.

Problèmes

19 Claude va à l'opéra pour assister à une représentation de l'*Orfeo* de Monteverdi.
Le premier acte dure 55 minutes, l'entracte 25 minutes et le second acte 63 minutes.

Sachant que le spectacle commence à 19 h 30, à quelle heure aura lieu la fin de la représentation ?

20 À la fin d'une journée de randonnée, le podomètre de Marc lui indique qu'il a fait 13 680 pas.

Sachant que la longueur d'un pas est de 70 cm, quelle distance Marc a-t-il parcourue ? Exprime le résultat en kilomètres.

21 Pour paver sa terrasse rectangulaire, Bertrand achète des pavés de 135 g pièce.
Pour recouvrir la terrasse, il doit poser 31 rangées de 19 pavés.

a. Combien de pavés doit-il acheter ?

b. Quel est le poids total de ces pavés ? Exprime ce résultat en kilogrammes.

CALCULS DE PÉRIMÈTRES ET D'AIRES

22 Un libraire utilise 12 dm^2 de papier cadeau pour emballer un livre.

Calcule en m^2 l'aire de papier cadeau nécessaire pour emballer 18 livres.

23 M. Bontron souhaite clôturer son champ avec du grillage. Le terrain est rectangulaire. Il mesure 127 m de long et 59 m de large.

a. Quelle est la longueur de grillage nécessaire ?

b. M. Bontron veut également évaluer la quantité de semis dont il aura besoin.

Aide-le en calculant la superficie (l'aire) de son champ.

Bilans

Proposez un bilan à votre enfant lorsque vous jugez le moment opportun. Choisissez deux ou trois exercices dans chaque domaine, vous constituerez ainsi le bilan de votre enfant, en phase avec son rythme d'apprentissage. Attention, votre enfant doit avoir suffisamment avancé dans l'année pour être en mesure de faire un bilan. Les vacances de la Toussaint sont le bon moment pour une première évaluation. Proposez-lui une deuxième évaluation lors des vacances de Noël, puis une troisième en février ou à Pâques. Ne lui donnez pas trop d'exercices d'un seul coup, cela risquerait de le décourager.

NOMBRES

Lire, écrire et décomposer les grands nombres (→ leçons 1, 2)

1 Écris ces nombres en chiffres et sous la forme d'une décomposition.

a. Trois-millions-quatre-cent-deux-mille-six-cents

en chiffres : ....

Sous la forme d'une décomposition :

(3 × ....) + ...

b. Dix-millions-trois-cent-soixante-dix-mille-sept

en chiffres : ....

Sous la forme d'une décomposition :

(1 × ....) + ...

1 point par écriture correcte en chiffres ;
1,5 point par décomposition correcte.

... / 5

Comparer, ranger, intercaler et arrondir les nombres entiers (→ leçons 3, 4)

2 Observe le tableau, puis réponds aux questions.

Planète	Distance moyenne au Soleil (en km)
Uranus	2 870 000 000
Mercure	58 000 000
Mars	228 000 000
Vénus	108 000 000
Saturne	1 427 000 000
Terre	149 600 000

a. Quelle planète est la plus proche du soleil ?

....

Laquelle en est la plus éloignée ? ....

b. Range ces distances dans l'ordre croissant.

....

....

....

c. Complète cet encadrement en intercalant une distance du tableau :

110 000 000 > .... > 59 000 000

0,5 point par réponse juste pour la question a. ;
2 points pour les autres réponses justes.

... / 5

Lire et écrire des fractions (→ leçons 5, 6)

3 Écris la fraction correspondant à la partie colorée de la figure et décompose-la.

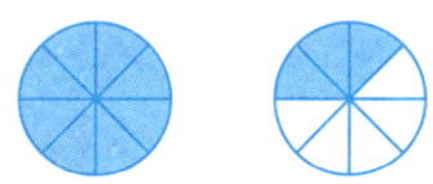

a. $\frac{......}{......} = \frac{......}{......} + \frac{......}{......} = ... + \frac{......}{......}$

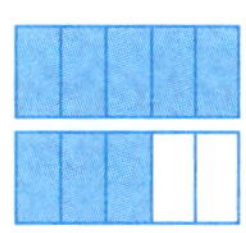

b. $\frac{......}{......} = \frac{......}{......} + \frac{......}{......} = ... + \frac{......}{......}$

2,5 points par décomposition correcte.

... / 5

Bilans

Comparer et encadrer des fractions (→ leçons 7, 8)

4 a. Place ces fractions sur la droite graduée.

$\frac{5}{3}$; $\frac{1}{3}$; $\frac{10}{3}$; $\frac{3}{3}$; $\frac{8}{3}$

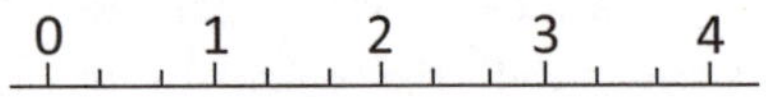

b. Range-les dans l'ordre décroissant.

....

0,5 point par fraction bien placée sur la droite ;
2,5 points pour le rangement.

... / 5

Associer fractions décimales et nombres décimaux (→ leçons 9, 13)

5 Relie les différentes écritures d'un même nombre.

$\frac{520}{1\,000}$ •	• $\frac{502}{100}$
$\frac{52}{10}$ •	• $\frac{502}{1\,000}$
$\frac{52}{1\,000}$ •	• $5 + \frac{2}{10}$
$5 + \frac{2}{100}$ •	• 0,052
0,502 •	• 0,52

1 point par réponse juste.

... / 5

Comparer et encadrer les nombres décimaux (→ leçons 11, 12, 13)

6 Compare ces nombres en utilisant les signes <, > ou =.

a. 2,724 2,742

b. 2,608 2,68

c. 2,777 2,72

d. 1,9 2,3

e. 2,6 1,9

1 point par réponse juste.

... / 5

CALCULS

Additionner, soustraire et multiplier les nombres entiers (→ leçons 14, 15, 16, 17)

1 Effectue les calculs.

a. Pose les opérations.

10 389 + 702 + 2 951

4 097 × 603

13 075 – 2 839

b. Calcule sans poser.

9 031 + 6 167 = ...

4 245 – 814 = ...

651 × 7 = ...

.... + 234 = 2 746

a. 1 point par opération posée juste ;
b. 0,5 point par réponse juste.

... / 5

Trouver les multiples et les diviseurs d'un nombre (→ leçon 18)

2 Complète ces affirmations pour qu'elles soient justes. Plusieurs solutions sont possibles.

a. 438 est un multiple de ....

b. 2......... est divisible par 3.

c. 28......... est un multiple de 5.

d. 363 est un multiple de ....

e. 93......... est divisible par 2.

1 point par réponse juste.

... / 5

Diviser des nombres entiers (→ leçons 19, 20)

3 Pose et effectue les calculs.

a. 719 : 6 = ...

Il reste ....

b. 9 768 : 39 = ...

Il reste ....

2,5 points par division juste.

... / 5

Choisir la bonne opération (→ leçons 14, 15, 16, 19, 20)

4 Résous ces problèmes.

a. Une auberge de jeunesse comporte 7 chambres simples, 12 chambres doubles, et 3 dortoirs de 6 places. Quelle est sa capacité d'accueil ?

....

....

b. Une classe de mer (5 jours/4 nuits en Normandie) coute 4 592 € pour 28 élèves.
Quel est le prix par enfant ?

....

2,5 points par problème juste.

... / 5

Additionner, soustraire et multiplier des nombres décimaux (→ leçons 22, 23, 24)

5 Effectue les calculs suivants.

a. Pose les opérations.

145,7 + 0,978 + 1 296,19 = ...

354,32 – 193,189 = ...

54,32 × 78 = ...

b. Calcule sans poser.

3,736 × 10 = ...

134,75 × 100 = ...

15,9 × 1 000 = ...

24,107 × 100 = ...

a. 1 point par opération posée juste ;
b. 0,5 point par réponse juste.

... / 5

Diviser des nombres avec un quotient décimal (→ leçons 25, 26)

6 Effectue ces calculs en les posant sur ton ardoise si nécessaire. Les quotients trouvés seront décimaux.

a. 142 : 4 = ...

b. 15,5 : 5 = ...

c. 789 : 5 = ...

d. 55,2 : 6 = ...

e. 21,9 : 3 = ...

1 point par division juste.

... / 5

Savoir utiliser la proportionnalité (→ leçons 27, 28, 29)

7 Résous ce problème.

Albert travaille sa guitare quotidiennement à raison de 3 heures par jour.

a. Combien d'heures travaille-t-il en 1 semaine ?

....

....

b. Combien d'heures travaille-t-il en 5 semaines ?

....

....

2,5 points pour chaque réponse juste.

... / 5

Établir des ordres de grandeur, utiliser la calculatrice (→ leçons 21, 32)

8 Donne une valeur approchée du résultat, puis calcule le résultat exact avec ta calculatrice.

	Valeur approchée	Résultat exact
794 × 87	....	....
3 904 + 7 845	....	....
7 843 – 2 921	....	....
216 : 12	....	....
1 946 × 61	....	....

0,5 point par calcul juste.

... / 5

ESPACE ET GÉOMÉTRIE

Connaitre le vocabulaire et les instruments de la géométrie (→ leçon 34)

1 Observe la figure et réponds par vrai ou faux.

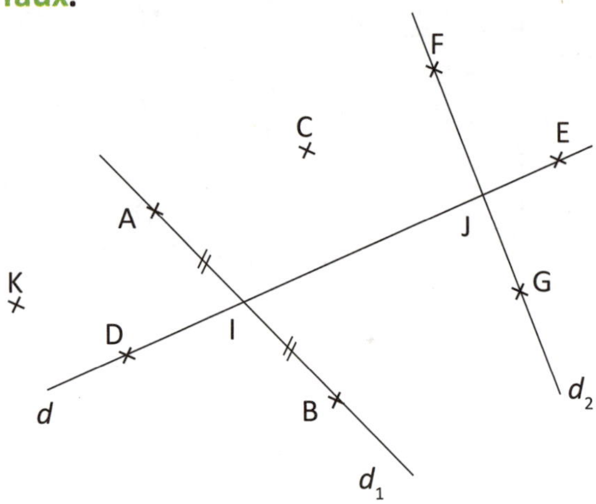

a. I est le milieu de [AB]. ....

b. C est un point. ....

c. I est le point d'intersection des droites d_1 et d_2. ....

d. [FG] est un segment. ....

e. Les points K, D, I, J, E sont alignés. ....

1 point par réponse juste.

... / 5

Reconnaitre et tracer des symétries axiales (→ leçon 36)

2 Trace le ou les axes de symétrie de ces figures.

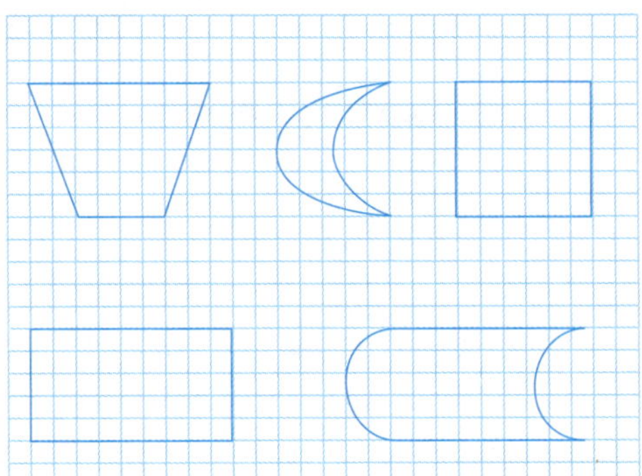

1 point par figure juste.

... / 5

Connaitre les propriétés des quadrilatères (→ leçons 38, 39)

3 Complète le tableau.

Nom			
Nombre de côtés			
Les 4 côtés sont-ils de même longueur ?			
Les côtés opposés sont-ils parallèles ?			
Combien la figure a-t-elle d'angles droits ?			

1 point par ligne juste.

... / 5

Connaitre les propriétés des triangles et des cercles (→ leçons 40, 41)

4 Relie les points pour que ces affirmations soient justes.

Un triangle rectangle possède... •	• est le double de celle du rayon.
Un triangle isocèle possède... •	• un angle droit.
La longueur du diamètre... •	• 3 côtés égaux.
L'écartement du compas... •	• correspond au rayon.
Un triangle équilatéral possède... •	• 2 côtés égaux.

1 point par réponse juste.

... / 5

Connaitre les propriétés des solides (→ leçons 43, 44)

5 Réponds aux questions.

a. Combien d'arêtes comporte un cube ?

....

b. Combien de sommets comporte un pavé droit ?

....

c. Les faces d'un cube sont-elles toutes identiques ?

....

d. Les arêtes d'un pavé droit sont-elles toutes égales ?

....

e. Combien de sommets comporte un cube ?

....

1 point par réponse juste.

... / 5

Reconnaitre les agrandissements et les réductions d'une figure (→ leçon 45)

6 Réponds aux questions.

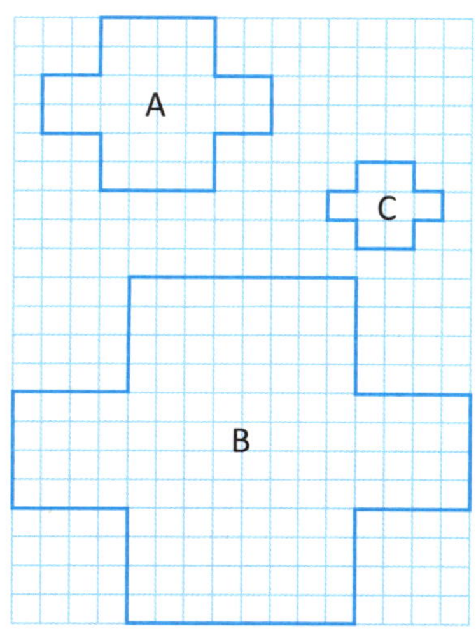

a. Quelle figure est une réduction de la figure A ?

....

b. La figure B est un agrandissement de la figure A.

Précise son échelle : ....

c. La figure C est une réduction de la figure B.

Précise son échelle : ....

a. 1 point ; b. 2 points ; c. 2 points.

... / 5

GRANDEURS ET MESURES

Connaitre et convertir les unités de mesure (→ leçons 46, 50, 51)

1 Résous ces problèmes.

a. Une course cycliste d'une distance totale de 470 700 m comporte quatre étapes : une première de 1 234 hm, une deuxième de 890 000 dm, une troisième de 13 970 dam. Calcule la distance de la quatrième étape en kilomètres.

....

....

....

....

b. Un cycliste boit 29 dL d'eau par étape. Calcule sa consommation totale d'eau en litres.

....

....

c. Un vélo de course professionnel pèse 7 300 g. Le responsable d'une équipe souhaite calculer le poids total de ses 7 vélos. Donne la réponse en kilogrammes.

....

....

2 points pour la question a. ;
1,5 point pour les questions b. et c.

... / 5

Connaitre et convertir les unités de durée (→ leçon 49)

2 Effectue les calculs et conversions.

a. 217 s = ... min .... s.

b. 6 min 29 s = ... s.

c. 345 s = ... min .... s.

d. 48 min 27 s + 35 min 59 s = ... h .... min .... s.

e. 1 h 54 min 45 s – 23 min 37 s = ... h .... min .... s.

1 point par réponse juste.

... / 5

Périmètres et aires (→ leçons 47, 52, 53, 54, 55)

3 Complète ce tableau.

Dimensions du rectangle		Périmètre	Aire
Longueur	Largeur		
10,3 cm	3,5 cm	....	36,05 cm^2
8 cm	....	25 cm	....
....	2 m	....	12 m^2

1 point par réponse juste.

... / 5

Reconnaitre les angles (→ leçon 56)

4 Observe les angles de la figure, puis classe-les.

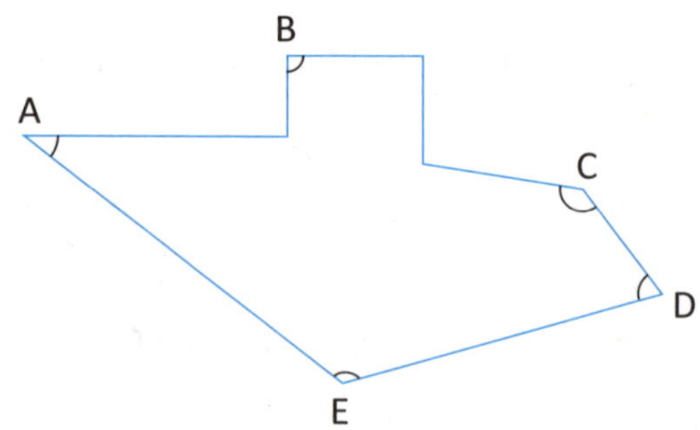

Angles obtus : ....

Angles aigus : ....

Angles droits : ....

1 point par angle.

... / 5

N° d'éditeur 10251044 – Linéale – Décembre 2018
Imprimé en France par IME by Estimprim